Daniela do Lago

fee**d**back

receita eficaz em
10 passos

Daniela do Lago

feedback

receita eficaz em
10 passos

Copyright © 2018 Daniela do Lago
Copyright © 2018 Integrare Editora e Livraria Ltda.

Editores
André Luiz M. Tiba e Luciana Martins Tiba

Coordenação e produção editorial
Estúdio Reis - Bureau Editorial

Copidesque
Rafaela Silva

Revisão
Pedro Japiassu Reis

Projeto gráfico e diagramação
Gerson Reis

Capa
Q-pix – Estúdio de criação – Renato Sievers

Foto da autora
NIL FÁBIO @nilfabio

Dados Internacionais de Catalogação na Publicação (CIP)
Andreia de Almeida CRB-8/7889

Lago, Daniela do
  Feedback : receita eficaz em 10 passos / Daniela do
Lago. - São Paulo : Integrare, 2018.
    168 p. : il.

ISBN: 978-85-8211-103-1

1. Feedback 2. Administração de pessoal 3. Comunicação
interpessoal 4. Comportamento organizacional 5.
Desenvolvimento organizacional 6. Sucesso I. Título

18-0555   CDD 658.3

Índices para catálogo sistemático:
1. Administração de pessoal : Feedback

Todos os direitos reservados à
INTEGRARE EDITORA E LIVRARIA LTDA.
Rua Tabapuã, 1123, 7º andar, conj. 71/74
CEP 04533-014 — São Paulo — SP — Brasil
Tel. (55) (11) 3562-8590
Visite nosso site: www.editoraintegrare.com.br

agradecimentos

Simplesmente amo ler nos livros essa parte dos agradecimentos. É o momento em que sabemos quem está caminhando ao lado do escritor e quem são os verdadeiros responsáveis pelo resultado do livro. Acredito muito nas conexões e parcerias. Ninguém faz sucesso sozinho e por isso, antes de tudo, quero agradecer aos meus colaboradores, parceiros de trabalho, meu editor André Tiba, pela confiança, abertura e por sempre me desafiar. Muito boa sorte, num mundo tão competitivo, ter perto de mim profissionais competentes e excelentes. Dedico este livro à pessoa que mais me fornece feedback nesta vida: minha querida irmã Debora do Lago. A Debora é a pessoa em quem mais confio e que sempre me orientou com seus feedbacks cirúrgicos, precisos e preciosos em todos os momentos. Como é bom poder contar com uma pessoa de tamanha confiança. Gostaria de deixar cravado num livro esse feedback: muito agradecida e conte comigo para sempre!

apresentação

Dani, quando nos encontramos pela primeira vez, em 2014, eu não sabia quem era você. Dividimos o palco em um evento e sua palestra era antes da minha. Lembro de ter ficado curioso para saber o que aquela moça, uma professora, tinha a oferecer.

Fui muito bem surpreendido não só pelas ideias apresentadas, que têm muito do que eu mesmo prego, mas pela energia, a graça, o humor e, especialmente, a provocação da entrega. Foi uma palestra daquelas que me orgulham de dividir o palco, sabe?

Este feedback queria te dar!

E por conta desta primeira impressão, fui investigar a Daniela do Lago. Descobri, entre outras coisas, uma profissional apaixonada pelo que faz, comprometida com o seu crescimento e também dos seus alunos, das pessoas que trabalham com ela e, claro, dos seus leitores.

Não resisti e logo convidei você para a gravação do *LíderCast 8*, no ano de 2015, e você se apresentou assim:

"Olá. Que prazer estar aqui, que delícia né, nesse bate-papo. Eu sou Daniela do Lago, venho de Santo André, sou administradora de empresas, tenho MBA na área de marketing, sou mestre em administração com foco em comportamento organizacional. Venho de uma família em todos tramitam pelas exatas e eu fui uma das únicas a seguir a área de humanas. Isso porque sinto verdadeira paixão em trabalhar com gente.

Paralelo à profissão de professor (que sim, é uma profissão, apesar dos alunos sempre questionarem com o que eu trabalho...) atuo como palestrante, que é uma das atividades que mais adoro. Trabalho também com processos de coaching, que é o desenvolvimento de competências comportamentais, como se fosse um bate-papo assim como a gente está tendo, só que estruturado. Além disso, faço treinamento por todo o Brasil e tenho intuito de me aventurar fora do país também. Ah, eu escrevo, sou colunista do UOL Empregos há cinco anos e falo sobre temas relacionados ao comportamento no trabalho."

E assim continuamos com um papo muito legal, com um conteúdo excelente, tocando em temas que são imprescindíveis para quem pretende crescer profissional e pessoalmente. Conversamos sobre o seu recém-lançado livro, *Despertar Profissional*, e tivemos uma conversa alegre e irreverente, que mostrou bem sua energia e simpatia e me deu a certeza de que eu devia ficar seu amigo.

Acho que fiquei, né?

Bem, este já é seu terceiro livro, você ampliou sua atuação em outros sites e revistas, continua caminhando muito bem. E agora me surpreende pedindo para eu escrever sua apresentação para seu mais novo livro sobre feedback!

O tema é interessantíssimo e você deixa muito claro o quão importante é dar e receber feedback, assim como a forma correta de fazê-lo. Criticar, ser criticado, faz parte da evolução pessoal e profissional e, se soubermos tirar proveito da técnica apropriada, o desenvolvimento de cada um pode ocorrer de forma ainda mais contundente.

Enfim, fiquei pensando em como fazer esta apresentação e, bem, quero te dar um feedback: cuidado quando pedir coisas para amigos escritores e palestrantes. Eles têm o hábito de pegar o que você disse no passado e, sem pedir, usar nos textos deles.

Um beijo do seu amigo.

A todos uma boa leitura!

Luciano Pires

Jornalista, escritor e cartunista

sumário

agradecimentos. 5
apresentação. 7
prefácio 13
   como dar feedback eficaz em 10 passos
introdução 17
   feedback

1 por que feedback é importante? 25
2 o que é feedback?. 31
3 o que não é feedback? 35
4 quando é o momento certo para falar com a pessoa? 39
5 conceitos importantes 43
6 passo a passo para dar feedback – receita com 10 passos 53
     passo **1**. 58
     analisar a situação / determinar efeitos e objetivos
     passo **2**. 60
     planejar o que quer da pessoa
     passo **3**. 65
     escolha um ambiente reservado

11

passo 4..68
linguagem corporal
passo 5..73
comece pelos pontos positivos
passo 6..75
descreva sobre o que estamos falando
passo 7..80
ouça
passo 8..84
descreva o comportamento que deseja na próxima vez
passo 9..87
e se a pessoa não concorda?
passo 10...93
chegar a um acordo

7 resumo do passo a passo 95

8 e se a pessoa chorar? Como lidar com as emoções? 97

9 como ouvir uma crítica? Técnica dos 3 A's 105

10 como fazer elogio? Técnica dos 3 E's 123

11 feedforward...131

12 cases práticos 139
case **1**...140
case **2**...142
case **3**...144
case **4**...145
case **5**...146
case **6**...148
case **7**...150
case **8**...151
case **9**...153
case **10**..154
case **11**..156

13 considerações finais 159

prefácio

como dar feedback eficaz em 10 passos

Estamos inventando inúmeras ferramentas, aplicativos e metodologias para ensinar o homem comum a aprender e performar melhor nesse mundo de alta complexidade.

Honestamente, não está funcionando muito bem, pois esse homem comum tem preguiça até de buscar o nome de um livro na internet. Ele não faz nada enquanto não recebe um alerta e um link da sua Organização.

É o profissional que ganha um curso online da Universidade de Harvard e mal lembra da sua senha. Que se ofende com o líder porque recebeu um feedback agressivo por atrasar um projeto, pela quarta vez consecutiva.

Educação não funciona se está isolada do interesse do homem comum em crescer e se desenvolver.

Os esforços em educação e desenvolvimento serão mais efetivos quando devolvermos ao homem comum a responsabilidade que lhe cabe pelo próprio aprendizado, performance e carreira.

Não é mais sobre servir quem não quer, e sim, ajudar somente quando estiver responsável e comprometido com o próprio crescimento.

Estamos falando do homem de Conhecimento.

Como diz a Daniela do Lago, "pessoas bem-sucedidas sabem valorizar os feedbacks que recebem de chefes, subordinados, colegas, clientes, fornecedores, no meio em que vivem, e aprenderam a utilizá-los em proveito próprio. Essas pessoas, na verdade, até mesmo buscam esse retorno como ferramenta de crescimento pessoal e profissional. Igualmente, reconhecem a necessidade e a importância de tecer feedbacks, mas fazendo-o sempre de maneira a aprimorar desempenhos e relacionamentos."

Esse livro é a união perfeita entre o homem de Conhecimento, que assume a responsabilidade pelo seu desenvolvimento pessoal e profissional, e uma especialista inteligente e generosa, que organizou um modelo de feedback extremamente objetivo e funcional.

Imagine você subindo uma grande montanha com uma bússola que o ajude a se manter alinhado com o seu propósito, caminhando na trilha correta, informando se o seu desempenho diário está sendo alcançado e alertando sobre o que você precisa aprender diariamente para sustentar a chegada ao topo.

A Daniela do Lago irá compartilhar com você, leitor, como absorver, comunicar, organizar e aplicar as informações do feedback para o seu aprimoramento.

Em contrapartida, você se responsabiliza por integrá-lo continuamente à sua vida pessoal e profissional até conquistar seus objetivos desejados.

O homem comum se preocupa mais com o tom de voz alto e a expressão desengajada do líder ao dar o feedback do que com a mensagem relevante que o ajuda a crescer. Ele se ofende e se fixa no líder agressivo, descartando a importância da mensagem e a aplicação dela para a excelência do seu trabalho.

Seja o homem de Conhecimento que sabe filtrar a mensagem da forma e da expressão corporal. Aquele que se responsabiliza pelo seu desenvolvimento e se apropria do feedback eficaz em 10 passos para a busca e aplicação dos conhecimentos relevantes que modificam positivamente seus resultados e te destacam no mercado.

Eduardo Carmello
Diretor da Entheusiasmos Consultoria em Talentos Humanos

introdução

feedback

Feedback é uma poderosa ferramenta de gestão que visa orientar pessoas por meio de um retorno específico, positivo ou negativo, sobre o desempenho e comportamento apresentado em determinada situação, proporcionando a consciência e o conhecimento da atitude tomada naquele momento.

Recebemos feedback a todo momento:

Informalmente, no dia a dia das pessoas com quem interagimos e que reagem àquilo que dizemos ou fazemos;

- ✓ Formalmente, de chefes que comentam nosso desempenho no trabalho; de nossos subordinados, que reagem à maneira como exercemos nossa liderança; de colegas, clientes e fornecedores;
- ✓ Em treinamentos, auxiliando-nos no desenvolvimento de novas habilidades;

✓ De nós mesmos; ao estabelecermos o limite de pressão que somos capazes de suportar e ao considerarmos a maneira como somos afetados por nossas próprias ações e pelas de outras pessoas.

Todo feedback que recebemos em relação àquilo que realizamos é de essencial importância para nosso aprendizado e crescimento. Ele permite que modifiquemos nossa maneira de encarar e lidar com determinados assuntos e ideias, e para que trabalhemos com mais empenho se necessário, em busca de melhores resultados.

Pessoas bem-sucedidas sabem valorizar os feedbacks que recebem de chefes, subordinados, colegas, clientes, fornecedores, no meio em que vivem, e aprenderam a utilizá-los em proveito próprio. Essas pessoas, na verdade, até mesmo buscam esse retorno como ferramenta de crescimento pessoal e profissional. Igualmente, reconhecem a necessidade e a importância de tecer feedbacks, mas fazendo-o sempre de maneira a aprimorar desempenhos e relacionamentos.

A capacidade de fornecer, de saber receber feedbacks construtivos e utilizá-los em proveito próprio é fundamental, não apenas no ambiente de trabalho, mas também nas relações sociais e familiares.

A palavra feedback já é amplamente conhecida dentro da maioria das organizações. Significa realimentar ou dar o retorno. Nas empresas, essa ferramenta é indicada para auxiliar o desenvolvimento profissional de cada indivíduo, independentemente do seu nível hierárquico. Normalmente, o gestor, todo aquele que tem subordinados, utiliza-se dessa ferramenta apenas na época em que ocorre a avaliação de desempenho, geralmente uma vez ao ano. Não se sabe o porquê, mas ficou caracterizado que o feedback deve ocorrer somente durante essa época.

E então, este é o momento em que se diz ao funcionário tudo o que ele deveria ter feito e não fez, quais as expectativas que não foram atingidas, os objetivos não realizados. Muito pouco se fala do que é positivo. Na verdade, o feedback é para ser usado sempre, a qualquer momento, tanto para propor melhorias como para ressaltar o que está sendo bem feito.

Outras vezes, esse é o momento usado para se cumprir tabela, para ticar um item considerado "imposição do RH". É quando, então, tudo é feito por se fazer, sem compromissos, sem muitas delongas... Afinal, para que serve tudo isso? O RH diz que o feedback é importante, mas isso é problema do RH, não do gestor.

Há ainda o gestor que acredita que se der um feedback indicando um comportamento inadequado, um trabalho não realizado ou aquém das expectativas, irá magoar o indivíduo, criar um "clima". Acaba sendo tão sutil em suas colocações que o funcionário é incapaz de captar o que se tentou transmitir.

E por que não dizer daquele gestor que, no momento, tem sob sua responsabilidade um indivíduo vindo de uma outra área, de outro gestor e que sempre foi muito bem avaliado? Será que se ele disser algo diferente do que sempre foi dito, o problema não passará a ser ele próprio? Ele decide, então, que o melhor é manter as coisas como estão.

Outro paradigma errado que carregamos nas empresas é que feedback só é dado do chefe hierarquicamente superior para o funcionário. De onde vem essa tendência de acreditar que o feedback deva ser unilateral, de gestor para subordinado?

Acredito que essa confusão aconteça por causa da avaliação por desempenho realizada anualmente nas empresas. Esta sim deve ser feita pelo chefe hierarquicamente imediato, mas feedback é retorno imediato e qualquer pessoa pode fazê-lo.

O feedback é uma ferramenta que também deve ser usada por todo funcionário para descrever as áreas onde a empresa falhou em prover o apoio necessário, o quanto ele se sente satisfeito, enfim, comentar o que é bom e o que deve ser melhorado.

É importante ressaltar que, embora o feedback faça parte das funções gerenciais, ele pode e deve ser solicitado, quando não ocorrer espontaneamente. Cabe a cada indivíduo a responsabilidade pelo seu autodesenvolvimento — incluindo-se aí o próprio gestor — e através do feedback ele pode conhecer seus pontos fortes, as oportunidades de melhoria e os pontos que são importantes para a empresa, que irão mantê-lo ligado aos objetivos organizacionais.

Mas, quantas oportunidades você já teve, espontâneas ou não, para ouvir a verdade a respeito do que se pensa sobre seu desempenho e o que você poderia fazer para se desenvolver e crescer profissionalmente?

Quando falamos sobre comportamento, estamos falando de pessoas. E cada pessoa é um universo, um mundo complexo e quase que desconhecido. É natural, e até louvável, que exista a preocupação de não magoar, de não ofender, de se colocar no lugar do outro. Mas é necessário entender a importância em separar a pessoa do profissional.

Quando se dá um feedback, a intenção não deve ser inibir um comportamento ou ameaçar, e sim, direcionar, mostrar quais são as expectativas, discutir o problema e dizer os porquês, ajudar o indivíduo a tomar conhecimento de algo que, muitas vezes, não foi adequadamente percebido, ou simplesmente reforçar um comportamento positivo ou uma atitude correta, o que também é fundamental para manter a autoestima e autoconfiança do indivíduo.

É responsabilidade de cada um buscar seu próprio desenvolvimento, não há dúvidas quanto a isso, mas acredito que ainda não esteja claro, para alguns gestores, que faz parte de sua função a responsabilidade de desenvolver pessoas.

Para o gestor, o feedback fornecido dos seus subordinados, superiores ou colegas é também de extrema relevância para o seu próprio desenvolvimento profissional.

Assumindo que a maior dificuldade em lidar com o feedback seja a preocupação em não magoar ou não criar um clima ruim, gostaria de propor uma reflexão:

- ✓ A omissão ou a falta de transparência gera um clima bom?
- ✓ A subjetividade, a falsidade ou a politicagem deixam as pessoas mais felizes e proporciona um ambiente mais agradável?
- ✓ O que nos impede de tratarmos os profissionais como seres humanos capazes de entender o que é esperado deles, para que contribuam com os objetivos propostos pela empresa em que trabalham?
- ✓ Você pode imaginar que hoje uma empresa possa progredir sem considerar o feedback dos clientes, fornecedores, consumidores?
- ✓ Será que o problema é mesmo como os outros irão receber o feedback ou o fato de que você mesmo, por não saber lidar com ele, imagina que é o outro que não está pronto?

Acredito ser fundamental a compreensão de que o feedback é um dos grandes responsáveis pelo desenvolvimento pessoal e, por consequência, para a melhoria dos processos e resultados organizacionais. É um processo interligado, pois com o crescimento profissional o indivíduo estará mais apto e com mais chances de realizar os objetivos propostos pela organização.

feedback

1 por que feedback é importante?

Existe uma série de comprovações sobre o quão relevante e importante é usar essa ferramenta de feedback para obter melhores resultados, tanto nas empresas, quanto nos seus relacionamentos pessoais.

Uma pesquisa feita pela empresa MarketTools, em agosto de 2011, com pessoas acima de 18 anos que trabalham em empresas com mais de 500 funcionários, identificou uma série de dados estatísticos importantes sobre feedback:

✓ 39% dos funcionários não se sentem apreciados no trabalho;

✓ Se o funcionário é ignorado pelo líder, sua chance de ser descompromissado com a empresa duplica;

✓ Já se o líder foca nos pontos fortes do funcionário, a chance de ele ser compromissado e envolvido com a empresa aumenta em trinta vezes;

✓ Quatro em cada dez funcionários tendem a ser mais descompromissados com a empresa caso não tenham nenhum ou pouco feedback;

✓ 43% dos funcionários altamente comprometidos com a empresa recebem feedback, pelo menos uma vez na semana;

✓ 65% dos funcionários dizem querer mais feedback;

✓ Apenas 58% dos líderes acham que dão feedback suficiente;

✓ 98% dos funcionários irão falhar se receberem pouco ou nenhum feedback;

✓ 69% dos funcionários falam que trabalhariam mais se sentissem que seus esforços foram bem reconhecidos;

✓ 78% dos funcionários dizem que ser bem reconhecido os motiva para fazer um trabalho melhor.

Uma outra pesquisa foi realizada no Brasil sobre as formas de aprendizagem utilizadas por gestores no desenvolvimento de competências (Antonello, 2004). Vejam que feedback ficou em 6º lugar, conforme ranking abaixo:

1 – Experiência Anterior
2 – Experienciar
3 – Reflexão
4 – Autoconhecimento

5 – Observação de Modelos
6 – Feedback
7 – Mudança de Perspectiva
8 – Mentoring e Coaching
9 – Interação e Colaboração
10 – Treinamentos
11 – Informalidade
12 – Articulação Teoria x Prática

Observem que as pessoas aprendem mais com feedback recebido do que investir na participação de um treinamento. E sendo comprovado que feedback é uma poderosa ferramenta, porque ainda existem obstáculos para se fazer uma crítica?

Algumas pessoas se sentem incapazes ou pouco à vontade em comentar o desempenho ou comportamento de outras pessoas no trabalho. Inúmeros fatores podem prejudicar o estabelecimento da crítica construtiva, tanto no que se refere à pessoa que a emite, quanto quem a recebe.

Há algumas dificuldades básicas que precisam ser superadas:

✓ A crítica pode causar confrontos toda vez que os objetivos do trabalho não estiverem claros ou os envolvidos não compartilharem a mesma percepção que o trabalho requer;

✓ É possível que haja algumas dificuldades de comunicação entre as pessoas;

- ✓ A crítica pode estar ser sendo feita pautada em julgamentos e opiniões, o que compromete o senso de justiça da pessoa submetida a ela;
- ✓ É possível que haja um problema de credibilidade, ou seja, é importante que aquele que recebe a crítica acredite que a pessoa que a emite seja efetivamente competente para fazê-lo;
- ✓ É possível que haja histórico de crítica negativa, o que faz com que a pessoa criticada se mantenha sempre na defensiva;
- ✓ Para se esquivar da necessidade de fazer críticas é, em geral, mais cômodo se refugiar atrás de desculpas como:
  - As pessoas sabem quando estão ou não fazendo um trabalho de boa qualidade, e não têm necessidade de que alguém lhes mostre isso;
  - As pessoas ficam irritadas com comentários a respeito da baixa qualidade do seu trabalho e passam a apresentar um desempenho ainda pior, assim, é melhor deixar as coisas como estão;
  - Se você elogiar um funcionário pelo seu bom desempenho, ele seguramente reivindicará um aumento salarial;
  - Fazer críticas acaba por criar controvérsias e exige um esforço desnecessário e, afinal, você já tem trabalho demais.

Em geral, as pessoas temem fazer as críticas porque não sabem lidar de forma natural com a reação e os comentários da pessoa criticada. Muitos têm receio de que suas avaliações prejudiquem seus relacionamentos.

Felizmente, todos esses obstáculos (e muitos outros) podem ser superados, como demonstrarei adiante. Fazer e receber críticas são habilidades que, como quaisquer outras, podem ser desenvolvidas.

2 o que é feedback?

Feedback (retorno de informação ou simplesmente, retorno) é um processo de ajuda mútua entre duas pessoas, no sentido de fornecer informações, sem julgamento de valor, sobre o desempenho, conduta ou ação daquela pessoa.

O objetivo é orientar, reorientar e/ou estimular uma ou mais ações de melhoria, sobre as ações futuras ou executadas anteriormente. Um feedback possui duas dimensões:

- ✓ O conteúdo da informação dada, que pode ser verdade ou mentira;
- ✓ E a motivação ou intenção da informação dada, que pode ser positiva ou negativa.

Feedback positivo ⇨ Verdade / Positiva

É o ideal, porque o feedback dado dessa forma favorece o crescimento do outro. O relacionamento é maduro e há respeito mútuo. Nesta categoria o feedback é bem-sucedido, pois a intenção do chefe é promover seu crescimento profissional e atingir um melhor resultado para o trabalho. Ele é construtivo quando passa a informação que ajuda as pessoas a decidirem se seus comportamentos tiveram os efeitos pretendidos, de modo que possam elas mesmas enxergarem os seus pontos de melhorias e tomarem ações corretivas. A informação é transmitida de uma maneira que não ofende, minimiza, humilha ou despreza, e visa a melhoria do comportamento do receptor.

Ele é lisonjeador quando transmite a informação que reforça os comportamentos que tiveram os efeitos pretendidos. É o feedback mais fácil de se dar, pois você estará, na maioria das vezes, elogiando e confirmando que o comportamento foi de acordo com o esperado, ou excedeu as expectativas.

Feedback negativo ⇨ Verdade / Negativa

A verdade negativa é cruel, destrutiva, humilhante e nada constrói. Há uma intensificação de rejeição recíproca, chegando até ao rompimento das relações. É a informação que desencoraja comportamentos através da comunicação de que eles não tiveram os efeitos pretendidos. Este é o tipo de feedback que, na maioria dos casos, intencionalmente ou não, causa maior prejuízo ao receptor, gerando sentimentos como decepção, desmotivação, raiva, mágoa, resistência, desaprovação, rebeldia, baixa autoestima, entre outros.

Em seu conceito original, feedback é um ato de generosidade, como se alguém dissesse "eu tenho informações que podem ajudar você a se dar melhor aqui na empresa". É o lado virtuoso de alguém perante o outro para lhe dar informações privilegiadas. Assim, o feedback não deve ser visto pelos gestores como "mais uma função" dentre várias que eles já executam, mas como uma mensagem.

Cada feedback oferecido com respeito se torna um meio de dizer à pessoa que você a apoia e se interessa pelo seu crescimento. Torna-se um presente, uma conversa de aprendizado.

O feedback positivo é uma maneira das pessoas sentirem o quanto são necessárias e o quanto têm um papel importante nos resultados obtidos, além de ajudar também na construção do espírito de equipe.

A pessoa que se sente percebida acaba se tornando uma fonte de energia positiva e de dinamismo, pois talvez seja a sua maneira de mostrar gratidão. O oposto ocorre para aquele que se sente ignorado. Muitos líderes se debruçam sobre a questão "como é possível motivar a equipe?" A resposta é simples: Tendo a capacidade de reconhecer o que eles fazem e de compartilhar méritos.

3 o que não é feedback?

Você sabe reconhecer no seu dia a dia no trabalho, quando seu chefe ou líder está lhe transmitindo um verdadeiro e positivo feedback ou simplesmente um floresback (falso elogio) ou failback (crítica severa injustificável)?

Para entendermos melhor o que significa esses termos precisamos avaliar cada situação frente ao conceito do Feedback:

Floresback ⇨ Mentira / Falsidade

Sabe aquela vendedora que diz a você ao experimentar uma calça que não lhe caiu bem que "ficou linda"? Pois bem, sabemos reconhecer quando a vendedora está mentindo, não é mesmo? Esse é um bom exemplo de floresback.

Embora a intenção, talvez, seja positiva – porque existe a preocupação do chefe em não desagradar o colaborador – o conteúdo não é verdadeiro. Quando o superior adota essa atitude paternalista com você, encobrindo o seu erro, transmitindo falsos ou não merecidos elogios, não lhe dá a oportunidade de conhecer a verdade, e assim não há a possibilidade de crescimento.

O chefe que tem o hábito do "elogio fácil" e frequente, dá a impressão de que se contenta com pouco e, assim, inadvertidamente, estimula o desempenho medíocre de seus subordinados e a redução da motivação. Ele deprecia tanto o indivíduo que o recebe quanto aquilo que foi realizado. Soa como um ato manipulativo, injusto, um verdadeiro insulto a uma pessoa adulta.

Failback ⇨ Mentira / Negativa

Crítica severa e injustificável que é usada sem medida no sentido único de prejudicar ou trazer constrangimento ao interlocutor. A mentira negativa destrói pela falta de respeito e dignidade. Esse tipo de relacionamento nocivo dificilmente poderá ser recuperável.

Fofocaback ⇨ Baseado no "diz que me disse"

Um caso comum que os profissionais reclamam é quando o gestor oferece o que eu chamo de "feedback--fofoca". Imagine-se sentado totalmente concentrado na leitura de um relatório, quando passa alguém pela sua mesa e fala: "andam dizendo por aí que você tem sido chato com as pessoas... veja lá, hein?" Antes de você ter tempo de levantar a cabeça, a pessoa já sumiu e você se questiona se está ouvindo coisas.

Para o gestor que fez o comentário de passagem, a sua tarefa está feita, ele acha que fez o feedback do dia. Se, por algum motivo, a pessoa não melhorar, ninguém pode dizer que ele não avisou.

Esta forma de falar jamais vai funcionar porque não gera aprendizado. No máximo gera confusão, pois "andam dizendo" não especifica o que aconteceu. A segunda parte, "você tem sido chato", tem a pessoa como alvo e gera apenas a sensação de estar sendo julgado e rotulado. Além disso, chato não especifica qual comportamento precisa ser revisto. Conclusão: nada de aprendizado. No máximo o que pode ocorrer é a pessoa se ressentir e querer saber quem está fofocando sobre ela.

4 quando é o momento certo para falar com a pessoa?

Acredito que a crítica construtiva é necessária como parte regular e constante da comunicação diária, estabelecida entre gerentes e seus subordinados, entre pais e filhos, entre cônjuges e entre amigos.

Infelizmente, o que ocorre em muitos locais de trabalho é que uma pesada carga crítica negativa é reservada para a avaliação, que ocorre ao final de cada ano de trabalho.

Assim, esse tipo de procedimento acaba por ser demasiado tardio e pesado. A pessoa se vê soterrada pelas críticas, que não raramente se referem à questões e acontecimentos ocorridos há muito tempo, que já não estão claros na memória, e sobre os quais não possui mais qualquer influência.

Todo incidente que ocorre – de erro ou de acerto – é momento para falar com a pessoa. Quando você deixa este momento passar perde a oportunidade de gerar algum aprendizado ou melhoria.

O ideal é que o feedback seja na hora, o mais rápido possível após o evento. É importante que cada integrante da equipe tenha pelo menos algumas conversas de feedback formais durante o ano e também as informais, que ocorrem em grande parte.

O feedback acontecendo logo após o evento é mais informal e mais frequente, sem a necessidade de formulários preenchidos ou reuniões solenes com o gestor. São nestes momentos de conversa descontraída e troca de ideias de forma desburocratizada que o feedback se torna mais efetivo.

De modo geral, há algumas regras de ouro para determinar o momento mais adequado para se estabelecer uma avaliação:

✓ Deve ser feita no primeiro momento possível depois do fato que motivou a crítica ter ocorrido: dessa forma mantém-se vivo o acontecimento, tanto na memória da pessoa que faz a análise, como na pessoa que é criticada, o que garante uma possibilidade maior da crítica ser mais específica, melhor compreendida e, consequentemente, mais facilmente incorporada ao trabalho futuro;

✓ Caso a pessoa que for fazer a crítica esteja envolvida emocionalmente com aquele erro/evento, ou seja, o gestor estiver nervoso com aquela situação, minha sugestão é que não fale imediatamente com a pessoa que irá receber a crítica. Espere, no máximo, até o dia seguinte para dar feedback ao indivíduo, assim terá mais condições emocionais para não transformar aquele momento de comentários construtivos em lavagem de roupa suja. Às vezes, esperar um dia até que os ânimos se acalmem pode ser a alternativa mais inteligente no exercício da liderança;

✓ Deve-se levar em conta a habilidade da pessoa fazer uma crítica construtiva naquele determinado momento, em outras palavras, considere fatores como disponibilidade de tempo, clima descontraído e a autoconfiança;

✓ Igualmente, deve-se levar em consideração a capacidade da pessoa criticada lidar com aquela situação, ou seja, a quantidade de crítica que tem recebido, sua sensibilidade a isso e a pressão exercida sobre ela.

No que diz respeito à questão do lugar mais apropriado para fazer uma crítica, a resposta e óbvia: no local de trabalho, o mais conveniente seria procurar uma sala em que não haja o risco de ser ouvido, tampouco interrompido.

No caso do elogio, é claro que não há mal nenhum em fazê-lo diante do grupo, pelo contrário, há muitos benefícios em elogiar em público, tais como: deixar claro o reforço de determinado comportamento ou desempenho desejado.

5 conceitos importantes

O que é criticar? Criticar é parte integrante da comunicação efetiva, isto é, daquela que pressupõe um locutor e um interlocutor. A crítica é a ligação entre as coisas que você faz e diz e a compreensão do impacto nas pessoas, seja no trabalho ou qualquer outro ambiente em que estiver inserido. Saber criticar adequadamente é, talvez, a habilidade interpessoal mais significativa que se pode desenvolver.

A crítica, qualquer que seja a sua natureza, é definida como sendo:

✓ Toda informação específica referente a um determinado comportamento ou desempenho, que encoraja uma pessoa a melhorá-los, reforçá-lo ou desenvolvê-lo.

✓ Toda informação que leva uma pessoa a tomar consciência de que seu desempenho atingiu o padrão desejado – a fim de incentivá-lo e reafirmá-lo – ou ficou abaixo das expectativas, a fim de evitá-lo e encaminhá-lo em direção ao padrão desejado.

O que é fundamental nessas definições é que ambas supõem que as pessoas sejam capazes de apresentar um desempenho adequado ou encaminhá-lo para um padrão mais desejável. A ideia central é de que a crítica seja bem feita e construtiva, pois ela tem como finalidade construir um comportamento sobre aquilo que é bom. E então, cabe à pessoa escolher se vai crescer com aquela informação.

Toda crítica que recebemos em relação àquilo que realizamos é de essencial importância para nosso aprendizado e crescimento. Ela permite que modifiquemos nossa maneira de encarar e lidar com determinados assuntos e ideias, e trabalhemos com mais empenho, se necessário, em busca de melhores resultados.

A diferença entre crítica construtiva e destrutiva

Uma crítica é positiva quando visa reforçar o comportamento ou desempenho que está atingindo o padrão desejado, e negativa quando visa corrigir e melhorar o comportamento de baixa qualidade ou insatisfatório.

Tanto a crítica positiva, quanto a negativa podem e devem ser construtivas. Os dois maiores problemas são:

✓ Quando não há uma avaliação positiva, isto é, não há reconhecimento ou referência ao bom desempenho;

✓ A negativa é feita de maneira tal que seu caráter é destrutivo.

A crítica destrutiva costuma acontecer apenas quando as coisas saem erradas (esse tipo de atitude lhe parece familiar?) e quando não há padrões determinados pelos quais se possa avaliar o desempenho ou o comportamento, ou qualquer plano que vise o desenvolvimento. Costuma assumir a forma de comentários generalizados e subjetivos, apontando com frequência para características pessoais ou atitudes percebidas, sendo extremamente destrutivas para relacionamentos pessoais ou para qualquer estratégia de desenvolvimento futuro.

A crítica bem feita (a que vou ensinar neste livro), ao contrário, deve assumir a forma de comentários objetivos, concentrados em exemplos específicos de comportamento. Toda vez que há padrões estabelecidos de comportamento e desempenho, e comunicação quanto àquilo que está ou não de acordo, ocorre o que chamamos de crítica construtiva.

Em resumo, esta análise construtiva fornece informações sobre comportamento e o desempenho com base em dados objetivos, de tal maneira que a pessoa criticada mantém uma atitude positiva em relação a si própria e ao seu trabalho. Ela também se sente estimulada e comprometida com o planejamento pessoal, a fim de alcançar os padrões estabelecidos de comportamento e desempenho.

A crítica está intrinsecamente ligada ao processo de aprendizagem. Toda vez que faz uma ponderação, você está, em essência, ajudando uma pessoa a aprender, a adquirir novos conhecimentos e técnicas e a aprimorar seu comportamento e desempenho.

Sobre as broncas

É lastimável que o feedback seja uma das mais mal-entendidas ferramentas no mundo empresarial. É comum nas empresas os gestores receberem diretrizes de dar feedback para sua equipe, mas não receberem muito treinamento de como fazê-lo de forma eficiente.

O resultado disso é que se criou uma cultura sobre o feedback, em que este é visto como motivo de piadas, pois acabou sendo associado com broncas, críticas ou reclamações.

"Chame já a pessoa que cometeu o erro para eu dar um feedback nela";

"O chefe está procurando você, para dar um feedback sobre a besteira que fez ontem";

Eventualmente, ouve-se que o conceito de feedback não funciona, quando na verdade, o que não funciona é maquiar as broncas com o nome de feedback, pois continua sendo bronca.

Feedback é um processo totalmente diferente que, quando usado com maestria, gera aprendizado, respeito, crescimento e melhoria. Bronca gera constrangimento em quem recebe e tem o resultado de aliviar a frustração ou raiva da pessoa que a dá. Gera sensação de culpa em quem fez o erro, o que leva à vitimização e ao senso de impotência, gerando pensamentos do tipo: "Eu sou uma droga mesmo, não faço nada certo". Pode também gerar raiva e, se a pessoa que recebe a bronca discordar e se achar injustiçada, a possível quebra de lealdade.

As pessoas que alegam que a bronca funciona não percebem que o único lado positivo é trazer a pessoa de volta para o foco, através do choque, o que muitas vezes não gera nenhuma solução nova. A bronca apenas demonstra quanto se está frustrado, bravo ou mesmo descontrolado.

Permissividade

Oposto da bronca, a permissividade também é improdutiva. O gestor que vê as situações inadequadas acontecerem e não faz nada, não está contribuindo com o crescimento e desenvolvimento da pessoa e da equipe. Este comportamento pode ocorrer por dois motivos:

- ✓ Ele espera que o outro seja maduro o suficiente para se resolver por si mesmo;
- ✓ Medo de liderar por situações tensas, evitando assim falar de assuntos de forma direta, como no feedback, esperando que a mudança ocorra magicamente, sem que ele precise interferir.
- ✓ Estas expectativas acabam perpetuando o problema, pois é irreal esperar que qualquer sistema mude sem ter algum estímulo externo diferente.

O poder do hábito é tão grande que, mesmo fazendo algo que não está sendo eficiente, o ser humano continua repetindo a mesma ação. Ele não faz isto por ser "sabotador" ou por que é menos inteligente, mas simplesmente porque os hábitos são automáticos. E, como tudo que é automático, primeiro fazemos e depois observamos, também de forma tão automática, que nem percebemos o que acabamos de fazer.

Assim, precisamos de uma intervenção externa, de alguém que nos ajude a enxergar o que não conseguimos ver por nós mesmos. É como dirigir: você se lembra de quantas vezes mudou a marcha do seu carro no caminho de casa para o trabalho? Ou você conseguiria descrever de que maneira você muda de marcha? Provavelmente, se alguém fizer esta observação e comentá-la com você, a sua atenção vai se voltar à troca de marchas da próxima vez que dirigir.

O gestor que, com a justificativa de ser democrático, não intervém quando observa performance ou ação ineficiente não está agindo como líder e, na sua passividade, está privando o seu liderado do direito de melhorar e de aprender.

O feedback ineficiente torna-se motivo de piada e gera cinismo e desconfiança. Tem por características:

- ✓ Ser vago;
- ✓ Ter como alvo a pessoa, em vez da ação;
- ✓ Ser baseado no achismo;
- ✓ Não gerar espaço para diálogo;
- ✓ Ser colocado como se fosse a verdade absoluta.

O gestor que se sente obrigado a dar feedback, sem entender o sentido por trás deste conceito, acaba tendo piores resultados do que se ficasse em silêncio.

Feedback e assédio moral

O assédio moral é uma preocupação cada vez maior por parte dos gestores, que devem evitar os comentários que humilhem as pessoas. Como todo conceito em fase inicial, é possível que se faça um pouco de confusão em relação à definição de que tipo de comentário se traduziria em assédio moral, já que a mesma observação pode gerar níveis de desconforto diferentes, dependendo das pessoas.

A confusão é criada quando temos dois extremos. De um lado, o chefe que alega que ele sempre falou "desta forma", e que o problema reside no funcionário, que "não aguenta nada". Neste caso, o gestor tem dificuldade em conscientizar-se de sua postura e do impacto de suas palavras nos outros.

Já no outro extremo, temos a possibilidade do funcionário interpretar qualquer comentário mais objetivo como algo humilhante, devido a vários fatores e à sua própria história de vida.

O que o gestor faz para criar interação efetiva e minimizar as interações errôneas? A regra básica é fazer o possível para se lembrar do porquê do feedback. O objetivo não é humilhar, culpar ou fazer do outro um vilão, e sim gerar aprendizado.

Não existe verdade absoluta quando se dá um feedback, pois, o mesmo ato pode ter sido muito útil em situações passadas, mas pode ser ineficiente no presente em relação ao novo resultado que se deseja alcançar.

O tema de assédio moral demonstra dois fatores interessantes. O primeiro, é que existe uma conscientização global das pessoas em relação a como gostariam de ser tratadas e, talvez pela primeira vez na história do trabalho, essas pessoas sentem que podem reivindicar um mínimo de dignidade e respeito de seus gestores. Isso é um sinal de evolução da raça humana.

O segundo, é que o termo assédio moral teve que ser criado para que, em pleno século XXI, as pessoas sejam relembradas que não se deve maltratar ou humilhar os outros.

Um conceito importante é que não existe fracasso, apenas feedback. Este é um dos conceitos mais poderosos para o processo de aprendizagem, pois mantém a pessoa na posição de aprendiz, quando a sua alternativa não der certo. Só assim ela vai poder analisar o que precisa ser reajustado antes de fazer novamente.

Certo ou errado

Outra dica importante é que se lembrem de relativizar o conceito do certo ou errado. No mundo do aprendizado acelerado, a ideia de ter feito algo errado é substituída pelo conceito de ter feito algo que não gerou o resultado desejado. Por que isso? Porque o conceito de erro leva à culpa e a pessoa acaba personalizando o erro, sente-se frustrada, incompetente etc. Cria-se uma cadeia de reações emocionais que não ajuda em nada, apenas contribui para distrair e atrasar o processo.

Outro motivo é que a mesma ação que hoje foi considerada um erro pode ter sido acertada ontem, quando usada em outras circunstâncias. Por exemplo: a agressividade que gera constrangimento em uma reunião de diretoria pode ter sido altamente eficiente em outras ocasiões, onde a pessoa precisava se defender de ataques externos. Outro exemplo: a capacidade de debate constante pode ser fatal em uma reunião para gerar soluções criativas, mas pode ter sido vital para reuniões de negociação.

A mensagem implícita do feedback nunca deve ser "você errou" e sim "o que você fez funcionou (ou não funcionou) de acordo com tal objetivo". O gestor tem a função de facilitar ajustes e aprendizados, não culpar ou desanimar.

6 passo a passo para dar feedback – receita com 10 passos

Neste ponto do livro você já entendeu a importância dessa ferramenta, as implicações que resultam da utilização do feedback, bem como características e problemáticas que envolvem esta técnica. Pois bem, agora é hora de aprender como dar um feedback de forma eficaz.

O intuito de desenvolver uma receita, para que seja seguida passo a passo, tem uma justificativa: em minha prática de anos, ensinando as técnicas apresentadas por diversos autores, os gestores acabavam falhando em algum aspecto, por deixarem passar um ou outro ponto da técnica. O resultado era o erro e a convicção, por parte de alguns deles, de que a ferramenta não funcionava, o que levava à desistência da prática do feedback.

Na culinária, por exemplo, para que as receitas deem certo, é necessário que o passo a passo seja seguido na ordem correta e os ingredientes sejam acrescentados na sequência descrita. Caso contrário, você corre o risco de não obter êxito, desperdiçar ingredientes e ficar sem o prato.

A analogia é a mesma! Siga passo a passo a minha receita para dar feedback, obtenha êxito e colha bons resultados. O objetivo desta receita é ajudá-lo a fazer críticas construtivas da maneira mais adequada. É o tipo de feedback que tem sempre o foco no aspecto positivo, essencial para que a pessoa não perca sua motivação. A prática do feedback construtivo pode realmente fazer a diferença no desempenho das pessoas.

Uma das técnicas mais simples e eficazes que ensino nesses últimos 14 anos atuando em mais de 100 empresas pelo Brasil e treinando mais de 30 mil profissionais, é a famosa técnica do "sanduíche", já bastante comentada em artigos, livros e revistas da área de gestão de pessoas.

Vamos relembrar a técnica do sanduíche

Imagine que você queira fazer um sanduíche em sua casa. Quais seriam os passos para fazer esse sanduíche? Primeiro passo: corte o pão em duas metades, pegue a base do pão e passe o condimento de sua preferência (maionese, requeijão, patê etc.).

O segundo passo é rechear seu sanduíche com os ingredientes que mais gosta. Essa é a parte mais importante, afinal, é o fator que faz você escolher entre um lanche ou outro. Por último, você fechará seu sanduíche com a outra metade do pão.

Simples assim! Pois bem, o feedback construtivo também pode ser feito da mesma forma que você faz seu sanduíche, em três passos:

Primeiro passo - Base do pão: inicie a conversa com ênfase e valorização dos pontos fortes daquele colaborador. Lembre-se: o objetivo do feedback é aprimorar um comportamento ou desempenho daquele colaborador. Você está prestes a comentar algo que não deu certo e, ao iniciar a conversa se expressando positivamente, indicará que esse bate-papo terá desfecho assertivo.

Segundo passo - Recheio: exponha pontos a serem melhorados. A exemplo do seu sanduíche, essa é a parte mais importante, por isso vou descrevê-la em tópicos:

- **Descreva que aconteceu:** qual é o problema? Tenha bem claro o que precisa ser alterado no atual comportamento ou desempenho, e o porquê. Cite um exemplo real. Esse é um ponto crucial. É essencial que a pessoa compreenda qual é o ponto. Em seguida, que ela aceite que há um problema. E, finalmente, é importante que ela aceite que há a necessidade de mudar.

- **Ouça:** permitia que o colaborador exponha suas dúvidas e motivos de suas possíveis dificuldades.

- **Descreva o comportamento desejado** (o que se espera no final do trabalho): Seja específico. É muito importante deixar claro o desempenho ou resultado esperado. Muitas vezes, o trabalho não é apresentado como se deseja porque as pessoas não sabem claramente o que está sendo esperado.

- **Procure soluções conjuntamente:** promover os ajustes necessários para a execução da tarefa pode não ser muito simples e o colaborador pode sim estar precisando de ajuda. Você pode dar alguns exemplos, orientações e sugestões sobre como a tarefa pode ser realizada, tendo-se em vista o objetivo final esperado.

- **Chegue a um acordo:** é delicado forçar a execução do trabalho da forma como você acha adequada ou agir para mudar o comportamento do colaborador. Você pode ajudá-lo e encorajá-lo diante do desafio proposto, mas nunca deve se esquecer de que é ele quem realizará a tarefa, mesmo sabendo que não a fará da forma como você faria. E isso não significa que o trabalho não será bem feito. Pense na seguinte frase: "Eu sei fazer isso muito bem, mas outros podem fazer ainda melhor".

Terceiro passo - Fechar o sanduíche. Reforce novamente os pontos positivos. Demonstre confiança na possibilidade de êxito, aperfeiçoamento e crescimento.

Durante anos apliquei o uso da técnica do sanduíche para melhorar a forma de dar feedback na empresa. Esta é uma técnica consolidada e eficaz se feita na ordem e sequência que o sanduíche requer para ficar pronto. Porém, muitas pessoas se esqueciam de um ou outro tópico da técnica e, com isso, passaram a preparar "sanduíches azedos" por aí.

Por esse motivo tenho aplicado uma receita passo a passo, informando a ordem lógica e sequencial de cada "ingrediente" para que não haja erro na aplicação da ferramenta de dar feedback.

Resumo da Técnica do "Sanduíche" para praticar o Feedback

TOPO DO PÃO

Encerrar reforçando pontos positivos e demonstrando confiança na possibilidade de aperfeiçoamento, crescimento e objetivos atingidos.

RECHEIO DO PÃO

Expor pontos a serem melhorados:

- ✓ Fornecendo exemplos reais;
- ✓ Encontrando solução em conjunto;
- ✓ Traçando um plano de ação.

BASE DO PÃO

Valorizar pontos fortes com ênfase, expressão de reconhecimento e satisfação.

passo

1 analisar a situação / determinar efeitos e objetivos

Sempre digo e repito: ninguém erra de propósito, se a pessoa errou foi querendo acertar. Por esse motivo, esse primeiro filtro se faz necessário e muito importante para dar feedback de maneira eficaz.

Da mesma forma, nem todo erro deve ser pontuado. Cabe a você analisar o fato ocorrido e o contexto daquela situação, determinar se é momento ideal para falar com a pessoa e se valerá a pena pontuar aquele erro. É importante que as seguintes perguntas sejam feitas:

✓ O que pode acontecer seu eu falar com a pessoa?

✓ O que pode acontecer se eu não falar com a pessoa?

Tenha bem claro o que, no comportamento e desempenho atuais, precisa ser mudado e por qual motivo. Também é importante checar a quantidade de críticas que aquela pessoa vem recebendo ultimamente, essa análise é vital para o sucesso de seu feedback, pois ninguém aguenta uma enxurrada de críticas sequenciais.

Pensando na técnica do sanduíche, lembre-se que não é saudável comer sanduíche todos os dias, da mesma forma, não é saudável criticar uma pessoa todos os dias. Não vai funcionar!

No cerne de qualquer sessão de avaliação, está a questão do que cada um dos lados deseja como resultado dos comentários que estão fazendo.

passo

2 planejar o que quer da pessoa

Neste segundo passo, o objetivo é planejar de maneira clara o que você quer que a pessoa realize na próxima vez, e depois construir sua estratégia em torno do efeito desejado.

Muitos profissionais erram na forma de dar feedback por não se prepararem para esta situação. Acham que no momento em que estiverem frente a frente com a pessoa, uma espécie de "luz divina" vai iluminar seus pensamentos e ele vai saber exatamente o que precisa ser acordado com o indivíduo. Isso não vai acontecer!

Feedback requer planejamento e, portanto, você deverá elaborar uma preparação interna. Desenvolva a capacidade de ser assertivo e, ao mesmo tempo, respeitoso em seu feedback, já que o objetivo não é julgar a pessoa, mas intervir em relação à ação tomada por ela. É indicado também que você faça uma pauta com os pontos importantes que precisam ser apontados, ou palavras-chave que possam facilitar a conversa.

É importante que você saiba porque está oferecendo feedback, para ter condição interna de confrontar a resistência natural que existe, uma vez que, socialmente, é algo que fomos ensinados a evitar.

Muitas vezes, na pressa de querer resolver logo as coisas, não temos o hábito de refletir sobre qual a possível intenção positiva do outro, principalmente quando reprovamos o seu comportamento.

Com este pano de fundo de querer resolver logo as coisas, facilmente iremos reclamar e apontar o negativo, considerando apenas o erro. Por outro lado, a pessoa que recebe a crítica possivelmente se sentirá injustiçada, achando que "ninguém percebe que ela estava tentando fazer o certo", ou poderá sentir-se desanimada, com o pensamento de que mesmo quando tenta acertar, acaba errando. Nenhuma destas duas sensações será benéfica, pois a emoção criada da injustiça ou insegurança não gera motivação.

No mundo profissional, toda ação é uma maneira de ir atrás do que a pessoa considera ser o melhor, ou uma forma de se defender do que ela considera ser um ataque, o que pode levar a possíveis perdas. Todos querem acertar. Ninguém sai de casa de manhã planejando fracassar. No fundo, todos temos o sonho de dar certo, prosperar e crescer.

A maneira mais fácil de saber a real intenção da pessoa é perguntar diretamente o que ela pretendia ao fazer o que fez e qual o resultado estava procurando obter. Desta forma, fica claro que mesmo que a maneira que a pessoa se expressou possa ter sido improdutiva, a intenção por trás desta expressão foi positiva.

Seu objetivo nessa etapa deve ser:

✓ **Planejar.** Prepare-se para que você possa expressar logo o que deseja de maneira positiva. Dizer "eu quero que Fulano termine seus relatórios dentro do prazo estabelecido" tem mais força que "eu quero que Fulano pare de atrasar seus relatórios". Isto é, a crítica deve se concentrar no que deve ser feito e não no que está errado;

✓ **Ser específico.** Particularize seu objetivo: "quero que Fulano termine seus relatórios trimestrais dentro do cronograma que eu entreguei a ele";

✓ **Realizar.** Você pode ser parte da solução: "eu quero encorajar e ajudar Fulano a terminar seus relatórios dentro do cronograma que eu entreguei a ele". Apenas aquela pessoa pode efetivamente terminar o relatório, mas você pode ajudá-la e apoiá-la;

✓ **Preparar-se.** Leve com você para essa conversa um inventário compreensível do que algumas pessoas chamam de evidências mensuráveis de sucesso, por exemplo: o que você deve ver, ouvir e sentir quando o relatório é entregue dentro do prazo estabelecido. Outro exemplo simples: é fácil controlar a pontualidade das entregas dos relatórios, mas outros objetivos são menos tangíveis, como a habilidade de Fulano de lidar com clientes antipáticos. Neste caso, é aconselhável, então, mostrar-lhe o comportamento que você espera dele: como olhar o cliente de frente e ouvi-lo com atenção;

✓ **Visualizar o objetivo final.** Compartilhe com a pessoa uma forte imagem ou experiência de consecução do objetivo. Novamente, o que você deve ver, ouvir e sentir quando seu objetivo for atingido. Isto é muito motivador: esportistas de alto nível visualizam e experimentam a vitória em um determinado evento, de forma a melhorar seu desempenho;

✓ **Ser realista.** Certifique-se de que a ação possa ser realizada e mantida com os recursos que estão à sua disposição. Você tem o tempo e a energia necessários para ajudar Fulano a terminar seu relatório no prazo estabelecido? Este é um ponto muito importante. As críticas e as atividades de acompanhamento podem exigir um trabalho intensivo, mas é importante não apressá-las para não esgotar as energias;

✓ **Analisar os prós e contras.** Venha acompanhado de um levantamento que dê ciência do que pode impedir que você alcance determinado objetivo e quais as vantagens de nada conseguir. Talvez seu relacionamento com aquela pessoa possa vir a ser prejudicado pelas críticas. É muito importante levar em conta essa preocupação. O que você pode fazer para assegurar a inviolabilidade de seu relacionamento com Fulano?

✓ **Ser vantajoso.** Esteja certo de que a luta pela consecução do objetivo vale o esforço, o dinheiro e o tempo despendidos. Estou fazendo, assim, bom uso de meu tempo?

✓ **Fazer um cronograma.** Apresente o que deseja em uma escala de tempo.

Aplique o que foi apresentado em uma situação crítica importante para você. Se você está certo do que deseja mudar com esta atitude, então o interlocutor também estará.

Entretanto, lembre-se de que nesse estágio, esse é o seu objetivo. Esteja preparado para discutir o conteúdo e o momento adequado para as mudanças pelas quais anseia. É importante que ambas as partes estejam comprometidas com o objetivo. Somente a pessoa pode mudar seu comportamento ou desempenho, mas, ao fim da sessão de avaliação, ela precisa compreender a necessidade do objetivo.

passo

3 escolha um ambiente reservado

A crítica sempre deve ser feita de maneira individual e o elogio e em público, nunca o contrário. Você deverá escolher um lugar reservado para fazer este tipo de avaliação, afinal de contas, ninguém quer que seus erros sejam divulgados para outras pessoas. Além disso, a pessoa criticada se sentirá exposta.

No caso de não ter a possibilidade de uma sala reservada, minha sugestão é que escolha um momento em que somente você e a pessoa estejam presentes, ninguém mais.

Crie um ambiente apropriado para a crítica, para ser entendido e aceito. É importante estabelecer um clima em que a verdade, o respeito mútuo e a possibilidade de criticar e ser criticado prevaleçam. Tudo isso é determinado pelo conhecimento que você tem da outra pessoa e pelo aprendizado que os dois obtiveram de encontros anteriores. Esse processo pode ser ajudado:

✓ Quando há abertura e parceria entre vocês, isto é, regras fundamentais que regem a sessão de análise, que posicionam ambas as partes como parceiras no processo. É melhor estabelecê-las desde o início, antes de fazer qualquer crítica. Você pode dizer: "é importante sermos honestos um com o outro. Por favor, diga-me se estou fazendo algo que não seja bom para você ou para o grupo. Igualmente, gostaria de fazer-lhe algumas críticas, dar-lhe alguns conselhos. O que você acha disso tudo?" Esse procedimento permite a você discutir a crítica (o conceito, a ideia), antes de fazer efetivamente uma;

✓ Pela determinação do momento mais adequado para a realização da sessão de crítica (timing). O ideal seria que a sessão fosse estabelecida quando as duas partes dispusessem de tempo suficiente e não estivessem sob pressão. Tenha presente, no entanto, a regra de ouro que diz que esse tipo de conversa deve ser realizada na primeira oportunidade possível depois do evento que a motivou ter ocorrido;

✓ Pela determinação do lugar mais adequado. Ele deve ser tranquilo e isento de interrupções;

✓ Por manter empatia e estar em sintonia com a pessoa criticada, esforçando-se para concentrar-se inteiramente no indivíduo e entender e apreciar seus aspectos. Você pode achar um tanto radical a tentativa de adaptar-se a cada um dos aspectos do comportamento de uma pessoa, e que ela consideraria essa tentativa um pouco estranha. Entretanto, tente parecer animado, se a pessoa apresentar animação, ou assuma uma postura mais tranquila, se a pessoa aparentar tranquilidade. Perceba que quando você fala com uma pessoa cujo tom de voz é bem suave, você automaticamente procura suavizar o seu tom de voz. Alguns autores chamam esse comportamento de "manter o passo com as pessoas" ou "colocar-se no lugar delas": você deve ser capaz de ver, ouvir e sentir da mesma maneira que elas veem, ouvem e sentem e, consequentemente, ser capaz de comunicar-se melhor com elas.

passo 4 linguagem corporal

A maior fonte dos problemas gerados dentro de qualquer organização é a falta de comunicação. É como um número de telefone: se você esquecer de discar um único dígito, ou se inverter o código de área, não completará a ligação. Você precisa discar todos os números – e precisa fazer isso na ordem certa para obter sucesso.

Em minha prática com treinamentos comportamentais ensino os profissionais a identificar e relacionar elementos para uma comunicação eficaz, para que possam tirar o melhor de cada pessoa. Existem inúmeras técnicas e ferramentas para isso, que não é simples, mas qualquer pessoa com boa vontade de aprender e se desenvolver consegue aplicar e praticar. Para extrair o pior de qualquer pessoa basta usar a ironia.

Ironia é a utilização de palavras que manifestam o sentido oposto do seu significado literal. Desta forma, a ironia afirma o contrário daquilo que se quer dizer ou do que se pensa. É a arte de gozar de alguém, de denunciar, de criticar ou de censurar algo ou alguma coisa. A ironia procura desvalorizar algo, incluindo também um timbre de voz para caracterizar melhor o ato.

Isso faz muito sentido quando duas pessoas na empresa resolvem expor suas opiniões sobre um assunto. A ironia é uma péssima ferramenta para conversas sensíveis como um erro de decisão, um problema com cliente, problema de relacionamento interpessoal e até conversa política. Neste contexto, ela pode ser encarada como deboche ou menosprezo à outra opinião.

Diante de um problema no departamento, por exemplo, ser irônico vai gerar maior confusão na empresa. Uma simples conversa como: "Fulano, meu ponto é esse"; "ah, seu ponto é esse? Quem diria, hein!?". Qualquer modulação do tom pode ser uma afronta, pois do outro lado pode haver alguém sinceramente interessado na solução do problema. E quando a ironia se faz presente, não existe mais diálogo, apenas improdutividade e aborrecimento.

Geralmente, o profissional irônico é aquele que "pensa que sabe tudo". Esse é um especialista em exageros, meias verdades, jargões, avisos inúteis e opiniões não solicitadas. Muitas vezes, essa pessoa carismática e entusiasmada é desesperada por atenção e pode persuadir grupos inteiros de ingênuos, induzindo-os ao erro. Se você cair na tentação de discutir com uma pessoa irônica, ela pode elevar o tom de voz e se recusar a voltar atrás até que você pareça tão bobo quanto ela.

Chega de ironia e fale para ser realmente compreendido. Quando você esclarece sua intenção principal, as pessoas sabem de onde você vem. Quando o que quer comunicar fica nas entrelinhas, pode resultar em mensagens truncadas. Explicar porque está expondo algo antes de realmente dizê-lo é um modo simples de direcionar a atenção para o que deseja.

Mesmo quando escolhe bem as palavras, o tom de voz envia uma mensagem positiva ou negativa. Mensagens cujo tom de voz não combina com as palavras causam ruídos na comunicação. Se você perceber que está enviando uma mensagem confusa, explique o que você realmente quis dizer: "eu sei que parecia estar ironizando, mas isso só ocorreu porque esse assunto é muito importante para mim".

Tudo o que você diz para as pessoas pode gerar confiança ou colocá-las na defensiva. A comunicação eficaz demanda tempo, mas é produtiva e traz melhores resultados. Tenho certeza de que até mesmo o profissional irônico quer colher bons frutos em sua carreira, não é mesmo? Portanto, chega de ironia e vamos promover o entendimento na empresa.

Para que seu feedback funcione, é importante fazer uso de suas habilidades de comunicação. Lembre-se:

✓ Dos 3 aspectos da transmissão da mensagem:

- O que você diz, isto é, as palavras que você usa, corresponde a 7% da mensagem;
- A maneira como você diz, isto é, o tom de voz, a ênfase que você coloca nas diferentes palavras, o volume de sua voz e o ritmo em que você fala, corresponde a 38%;

- Sua linguagem corporal, isto é, a expressão de seu rosto, o contato visual que você mantem com a outra parte e a postura de seu corpo, corresponde a 55% da mensagem.

Muitas pessoas acham esse resultado surpreendente: a importância relativamente baixa dada às palavras, comparada à voz e à linguagem corporal. No entanto, a sua crítica pode ser estéril se a mensagem for transmitida por palavras que não estão respaldadas por voz e por linguagem corporal adequadas. Por exemplo, dizer "sua apresentação estava boa, mas você podia ter reservado mais tempo para perguntas" pode ser uma boa sugestão, uma boa crítica construtiva, mas pode parecer também, dependendo de seu tom de voz (sarcástico, por exemplo), um comentário destrutivo.

✓ De ouvir e observar, de recolher todas as informações e sinais de seu interlocutor. Lembre-se de:
- Concentrar-se ao máximo;
- Manter sua mente aberta e livre de preconceitos;
- Manter-se calmo – a raiva é uma barreira para uma boa compreensão;
- Demonstrar que você está prestando atenção, balançando a cabeça e procurando olhar de frente a pessoa;
- Refletir sobre as ideias apresentadas e as inventariar, usando suas próprias palavras. Novamente, isso mostra que você está prestando atenção

e o ajuda a averiguar se você entendeu a mensagem corretamente.

✓ De perguntar eficientemente para:

- Obter as informações necessárias para o entendimento dos pontos principais. Por exemplo, pergunte "o que está impedindo você de terminar seu relatório no prazo estabelecido? Qual é exatamente o problema?";

- Ajudar o interlocutor a trabalhar os problemas. Por exemplo, pergunte "como Fulano se sentiria ao ser excluído do projeto que estava desenvolvendo com sua equipe? De que outra forma você poderia fazê-lo compreender que seu trabalho estava abaixo dos padrões desejados?".

Cuidar dos canais de comunicação é quase que meio caminho andado para o sucesso na forma de dar feedback. Não é o que você fala, e sim como você fala que irá determinar o sucesso ou fracasso na hora de fazer uma crítica a outra pessoa.

passo
5 comece pelos pontos positivos

Para ser efetivo nesta etapa, considerando o funcionamento do ser humano, é mais produtivo que se comece com algum elogio: "você é um grande negociador e eu gostaria de dizer que...", "a sua capacidade de venda é sensacional"; "a sua praticidade é uma vantagem para a nossa equipe" e observações como, "eu entendo o que você quer melhorar na sua equipe"; "que você está tentando fazer o melhor possível" etc.

É importante começar o feedback reconhecendo o talento ou a qualidade que a pessoa tem. Esta atitude cria aceitação e abertura para que o liderado esteja pronto para o processo de melhorias, além de diminuir o senso de vergonha e também de neutralizar uma aversão às críticas. O criticado vai ser bem mais receptivo a qualquer comentário que você fizer.

Muitos profissionais me questionam sobre a dificuldade de começar a avaliação com elogios e, na sequência, falar de um erro. Como assim? O fato da pessoa ter cometido um erro não invalida todos os pontos fortes dela. Mais uma vez, ninguém erra de propósito, portanto, é importante que você tenha empatia. Deixe claro para a pessoa que o feedback a ser dado não representa uma mensagem negativa sobre ela, o fato de que tenha realizado algo que não funcionou adequadamente não apaga as qualidades que possui.

Nessa etapa reconheça a intenção positiva da pessoa na ação do evento. O conceito de intenção positiva é importante neste momento e representa a sua capacidade em perceber que atrás de toda ação (ou reação), por mais ineficiente que seja, existe uma intenção positiva.

passo

6 descreva sobre o que estamos falando

Eis um ponto crucial. É essencial que a pessoa, em primeiro lugar, compreenda qual é o ponto a ser conversado naquele ambiente reservado. Ela precisa saber porque foi chamada. Afinal de contas, se ela soubesse que estava errada no comportamento ou desempenho, com absoluta certeza já teria feito o certo!

É exatamente nesse passo que vejo muitos profissionais errarem na forma de dar feedback. A grande sutileza está em descrever o fato e não em interpretá-lo. Os advogados são ótimos na descrição do fato, pois narram o acontecimento como se fosse uma cena de filme ou teatro e não colocam seu julgamento ou opinião sobre o ocorrido. Esta é a chave para não cometer nenhuma injustiça com a pessoa que será criticada.

Já dizia aquele ditado: "quem conta um conto aumenta um ponto" e esse "diz que me disse" no trabalho acontece quase que todos os dias, deixando muita gente descontente, triste e com aquela sensação de injustiça. Sabe quando acontece uma situação e alguém fala para o chefe de uma maneira um pouco diferente do que realmente se sucedeu?

Toda situação tem uma perspectiva diferente para todos que estão participando do fato em si. O problema está na interpretação do acontecimento e, neste momento, sua imagem pode ficar "arranhada" porque um Fulano contou primeiro sua versão equivocada sobre aquele evento para o chefe.

Observo que devido à falta de tempo para se atentar aos dilemas de seus colaboradores, muitos chefes erram e tomam decisões equivocadas, confiando na interpretação alheia. É difícil julgá-los porque, realmente, o exercício da liderança não é fácil, mas quem está sendo injustiçado fica em uma posição totalmente desconfortável.

Muitos líderes não foram preparados para assumir cargos de liderança, muitos deles chegaram lá porque foram excelentes técnicos, mas lidar com gente requer habilidades comportamentais específicas que passam longe das técnicas. Infelizmente, em alguns casos perde-se um excelente técnico e ganha-se um péssimo líder.

Eu mesma já vivenciei os dois lados: cometi erros interpretando situações sob minha perspectiva e também já fui inúmeras vezes mal interpretada e julgada no trabalho. A diferença é que tanto eu, quanto vários líderes, quando percebemos um erro, buscamos corrigi-los imediatamente. Mas, uma triste constatação é que isso não é o que acontece na maioria dos casos, nem todo líder dá o braço a torcer quando comete um equívoco e a corda tende a estourar para o lado mais fraco, ou seja, o lado do subordinado.

Não seja você a pessoa que irá cometer uma injustiça com o outro. Lembre-se que no trabalho não iremos gostar de todo mundo que convive conosco, mas isso não deve e nem pode ser motivo para interpretar e julgar negativamente uma situação. Descreva-a e não a interprete. Tire seu julgamento da história.

A capacidade de compreender que as pessoas são imperfeitas e que, assim como você, apenas querem fazer um bom trabalho, ajudará você a ser mais empático. Lembre-se de reagir de forma positiva, sendo claro e específico na maneira de comunicar.

Para quem está fazendo a crítica, a palavra-chave é ouvir, ouvir e ouvir, o que abordaremos no passo a seguir. Quando alguém lhe trouxer um problema, busque se atentar ao fato em si e procure escutar os envolvidos para não cometer nenhuma injustiça. Perde-se muitos talentos nas empresas e rompe-se muitos relacionamentos pela falha na interpretação dos fatos.

Aqui vão algumas dicas para você ser efetivo nesse passo para dar feedback:

- ✓ Descreva com precisão o fato do qual estão falando naquela sala. Dê exemplos da situação, do que aconteceu e não da sua interpretação sobre o ocorrido. Por exemplo, diga "você não enviou o documento semana passada. Hoje disse que esqueceu de enviar também. O que aconteceu?";

- ✓ Não interprete! Não tente justificar e julgar a situação com base na sua perspectiva. Por exemplo, em vez de dizer "você se alterou e foi agressivo na reunião com cliente", diga, "você falou alto com cliente na reunião";
- ✓ Foque no fato e na ação da pessoa especificamente para aquele evento que levou à crítica. Evite expressões como "não gostei do seu comportamento" ou "você não está se esforçando suficiente". Seja direto, a qual comportamento está se referindo? Se concentre no fato;
- ✓ Enfatize o que pode ser mudado e seja preciso. Falar sobre a personalidade da pessoa não levará a lugar nenhum. Evite comentários como "acho que você deve ser mais leve e não levar as coisas tão a sério";
- ✓ Explique as consequências daquele comportamento. Por exemplo, diga "o cliente não recebeu a proposta a tempo e por isso fechou o projeto com a concorrência";
- ✓ Guarde os julgamentos para você. Sei que é difícil quando estamos no calor do problema e nesse ponto vejo muitos líderes errarem ao dar feedback. Evitando reações ou julgamentos, você deixa mais espaço para a pessoa crescer com aquela crítica;
- ✓ Cuidado ao emitir sua opinião ou dar seu ponto de vista, você pode julgar errado aquela situação pautado numa percepção distorcida. Concentre-se nos fatos e esteja aberto para ouvir a visão do e reavaliar sua opinião;

✓ Sempre seja respeitoso e não desqualifique a outra pessoa, fazendo uso de uma linguagem que possa estimular um comportamento defensivo ou uma reação emocional. Evite, por exemplo, dizer "é óbvio que não deveria ter feito aquilo, qualquer ser humano que pense saberia disso".

Descrever a situação demonstra que você está aberto a ouvir a pessoa. Neste caso de empatia é provável que ela aceite que, de fato, exista um problema e que uma mudança se faz necessária.

passo 7 ouça

Primeiro compreender, para depois ser compreendido. A escuta ativa é uma arte perdida nos dias de hoje, em que todos querem falar, é raro aquele que se propõe a ouvir verdadeiramente o que o outro está dizendo.

Ao criticar o comportamento de uma pessoa, entenda que nem sempre você entendeu da forma como realmente aconteceu. Por isso é muito importante perguntar o porquê das coisas: qual razão levou o indivíduo a ter determinado comportamento perante o evento.

Inúmeros casos de injustiça acontecem quando a pessoa interpreta o fato ao invés de apenas descrevê-lo e aguardar o posicionamento do outro. Não seja você a cometer uma injustiça com alguém, portanto ouça! Mas, não basta ter ouvidos para ouvir o que o outro diz. Escutar é uma arte e nem todo mundo sabe como fazê-lo da maneira correta: é processar o que se está escutando, dar um significado e fazer um esforço para tentar compreender, e até mesmo se sentir no lugar do outro, a partir daquilo que está sendo compartilhado.

Existe uma incapacidade generalizada de ouvir de

verdade o outro e isso ocorre por uma sutil arrogância presente em todos nós por, no fundo, nos acharmos mais interessantes.

Rubem Alves em seu texto maravilhoso chamado "Escutatória", trouxe uma reflexão sobre os cursos de oratória. Os anúncios são sempre elaborados, afinal, todos querem aprender a falar bem em público, mas ninguém quer aprender a escutar! Nunca vimos nenhum anúncio de curso de "escutatória". Se existisse esse curso, provavelmente ninguém iria se matricular.

A gente não aguenta ouvir o que o outro diz sem logo dar um palpite melhor, sem misturar o que ele diz com aquilo que a gente tem a dizer. Como se aquilo que o outro fala não fosse digno de consideração e precisasse ser complementado por aquilo que nós temos a dizer, que é, claro, muito melhor.

A falta dessa habilidade de escutar acontece também através da leitura na internet, por exemplo. Muitas pessoas nem sequer terminam de ler o artigo ou a notícia para entender e interpretar o que foi escrito, e já saem comentando, palpitando, julgando negativamente o pouco que leu.

As estatísticas comprovam que os vídeos postados na internet que ultrapassam o tempo de 2 minutos já se tornam desinteressantes para o público geral, afinal todos estão sem paciência de ouvir.

Escutar é uma arte porque nos dá oportunidade de conhecer outras realidades e de explorar emoções que nunca experimentamos, tudo isso a partir de diferentes ângulos. Escutar nos permite conhecer as pessoas e encontrar a melhor maneira de ajudá-las.

Vale a ressalva de que permanecer calado até que o outro acabe de falar não é escutar, estar pensando no que vai dizer enquanto o outro comenta a sua ideia também não é escutar. É preciso silenciar por dentro.

Muitas vezes, a escuta é apenas isso: ouvir em silêncio, sem intervir ou opinar depois. Por outro lado, é necessária uma proximidade, criar um espaço quase compartilhado para entender como a outra pessoa se sente ao contar sua história e, assim, poder se conectar à ela, criando mais cumplicidade e sintonia, e isso só e possível com interesse e paciência.

Nesse sentido, o silêncio, às vezes, diz muito mais que as palavras, e por isso é importante saber utilizá-lo. Silenciar e escutar indica para o outro que você está disponível de verdade: "vou estar aqui, presente ao seu lado, escutando". Usar frases como "já sei", "eu também", "eu te entendo", realmente não ajudam e tendem a cortar a comunicação. Compartilhar o silêncio nos leva também à união. É uma maneira de dizer ao outro que ele pode contar conosco, não importa o que irá nos falar.

Sempre recomendo aos líderes em meus treinamentos para usarem a arma poderosa que é o silêncio. Já a escuta ativa é a ferramenta crucial da gestão de pessoas. Todas as vezes que estiver em dúvida sobre o que falar ou fazer numa situação estressante, fique em silêncio. Ele é poderoso, as pessoas temem o silêncio.

Encontrei informação valiosa sobre silêncio até na

Bíblia, que diz no livro de Provérbios 17:28 que mesmo o insensato, quando se cala, passa por sábio; e aquele que fecha os lábios é tido por inteligente.

Escute mais, fale menos. Stephen Covey, autor do livro *"Os Sete Hábitos das Pessoas Altamente Eficazes"*, disse que quando ouvimos mais com a intenção de compreender os outros do que com a de retrucar, começamos a construir a verdadeira comunicação e o verdadeiro relacionamento.

As oportunidades para falar abertamente sobre qualquer assunto e ser mais bem compreendido surgem de modo fácil e espontâneo. Procurar compreender exige consideração, procurar ser entendido requer coragem. A eficácia reside no equilíbrio das duas coisas.

Se você entender que escutar abre uma porta até o interior da outra pessoa, verá que escutar é uma arte que nos aproxima do desconhecido.

passo

8 descreva o comportamento que deseja na próxima vez

Esse passo é de uma sutileza incrível, pois muitas pessoas acreditam que somente apontando o erro e dizendo algo como "então tá bom, não quero mais que você faça isso, ok?" irá resolver o problema.

Veja bem, vale recapitular: se a pessoa errou, foi porque não sabia fazer o certo! Se ela soubesse, não teria errado.

Ao descrever a situação e falar do problema ocorrido, é provável que ela aceite que haja um problema e que é necessário mudar. Por isso, é importante que você descreva o comportamento desejado que ela deve ter numa próxima vez que aquele evento ocorrer.

É muito importante deixar claro o comportamento ou desempenho que você deseja que a pessoa apresente no futuro. Por exemplo, diga "eu quero que você responda ao telefonema do cliente em 24 horas". Frequentemente, o desempenho é baixo porque as pessoas não têm claro qual é o padrão esperado.

Para que esse passo seja eficaz, você deverá descrever o que deseja da pessoa de maneira específica. Ser claro na comunicação envolve descrever em forma de ações o que a pessoa deverá fazer na próxima vez.

Muitos profissionais erram nesse passo, pois descrevem o que a pessoa deve ser. Por exemplo, dizer "Fulano, quero que fique calmo da próxima vez" não terá efeito algum, afinal de contas, ficar calmo para um é se comportar de um jeito e para outros será diferente. Melhor que diga as ações que a pessoa deverá fazer para que fique calma, tais como: "respire fundo, conte até dez mentalmente, fique sentado, agradeça o comentário do cliente e fale um ponto positivo do nosso produto".

Imagine uma cena de teatro onde os atores precisam se comportar de determinada maneira no palco. Um bom diretor descreve de forma específica os comportamentos dos atores para demonstrar algo para o público. Pois bem, uma dica para este passo é a seguinte: toda vez que for descrever o que deseja, pense numa cena de teatro: será que todos estão visualizando a mesma cena que você? Todos conseguiriam interpretar aquela representação como se fosse um esquete de teatro? Se sim, parabéns, você foi específico.

Quando descrevemos exatamente as ações que esperamos, não abrimos espaço para futuros erros de interpretação.

Muitos profissionais se julgam bons comunicadores e ainda assim falam para a pessoa criticada algo do tipo: "quero que mude da água para o vinho"! Como se faz isso?

Presenciei um fato em determinada empresa em que o colaborador estava chegando atrasado. O horário de entrada dos funcionários era 7h30 da manhã e aquele colaborador chegava por volta das 8h30 todos os dias, mas também ficava até mais tarde no trabalho. O fato incomodava muito o chefe, que o chamou para lhe dar feedback e disse assim: "quero que chegue mais cedo a partir de amanhã". O chefe achou que estava sendo específico sobre o horário de entrada. Pois bem, no dia seguinte o colaborador chegou às 8h00! Sim, ele chegou mais cedo, mas não no horário que o chefe estava imaginando. Nem preciso dizer que houve uma enorme confusão.

Se descrever as ações específicas como numa peça de teatro, para que tanto você, quanto a outra pessoa possam visualizar a cena, muitos problemas que enfrentamos no dia a dia deixarão de existir.

passo

9 e se a pessoa não concordar?

Ao dar feedback a alguém esteja preparado para a possibilidade da pessoa não concordar com o que esteja sendo proposto. Neste caso, você deverá procurar solução conjuntamente.

Executar as mudanças necessárias pode não ser uma tarefa muito simples e a pessoa pode precisar da sua ajuda. Você pode dar algumas sugestões, como por exemplo, se a pessoa costuma atrasar a execução de um projeto, sugira que ela o divida em tarefas individuais, que possam ser programadas. Se assim não for possível, procure encorajá-la a encontrar soluções, com perguntas do tipo: "o que você poderia fazer diferente?" e a ajude a explorar as áreas problemáticas: "o que está impedindo você de fazer o seu trabalho?".

Você também pode ajudá-la a avaliar as ideias: "agindo dessa maneira, obterá o resultado desejado? Será que é capaz de fazer isso? Há alguma dificuldade? Algo em que eu possa apoiá-la para que você faça o que tem que ser feito?"

Além da sua ajuda, elas também podem necessitar da sua orientação ou da sua permissão para que participem de um programa de treinamento, por exemplo, ou que você medie uma questão com uma terceira parte. Você deve estar preparado para dar essa ajuda ou o motivo de uma negativa. Entretanto, é importante não ajudar demais, oferecendo-se, por exemplo, para terminar os relatórios que estão atrasados.

O primeiro passo para a compreensão do motivo das situações serem tão desafiadoras é se perguntar por que as pessoas criam tantas dificuldades para que você faça uma crítica construtiva. Podemos enumerar algumas razões possíveis:

✓ Falta de confiança: as pessoas têm medo de discutir o seu desempenho;

✓ Sentem-se sob pressão e simplesmente não suportam mais nada;

✓ Estão satisfeitas com a situação e não querem ser desafiadas;

✓ Encaram a crítica como uma ameaça à sua posição ou reputação;

✓ Consideram a crítica como parte do jogo do poder; se aceitarem suas colocações, estarão dando a você poder; se recusarem ou criarem dificuldades para que você as critique, elas é que estarão obtendo poder.

A lista é infinita. Entretanto, entender as razões do comportamento das pessoas tem um valor inestimável para que você saiba como lidar com elas.

A pessoa que discorda da sua crítica

A discordância pode ocorrer em quase todas as sessões de crítica. É importante estar preparado para essa reação, pois ela pode ser uma das coisas mais desconcertantes. A sua resposta depende da pessoa estar discordando dos fatos que você descreveu ou do comportamento criticado ser um problema.

✓ Se a pessoa discordar dos fatos, então:

- Dê o maior número possível de exemplos;

- Procure determinar os pontos de discordância, perguntando por exemplo: "você está contestando a ocorrência do fato ou apenas os aspectos dessa ocorrência? Quais aspectos?"

- Reconstitua a versão que a pessoa apresenta dos fatos, compare com a sua e procure determinar as diferenças perguntando, por exemplo, "o que você realmente disse ao cliente, quando ele devolveu pela segunda vez a mercadoria?"

✓ Se a pessoa discordar de que o ponto em questão seja um problema, então explique por que o considera um problema, deixando claro as consequências do comportamento da pessoa. Por exemplo, se uma pessoa acha que um erro casual em uma fatura emitida não tem a menor importância ("todo mundo pode errar"), será de grande ajuda explicar a reação do cliente e como isso pode afetar o andamento dos negócios.

É bom manter sempre a mente aberta. É possível que, de algum modo, os seus dados não sejam tão precisos? Esteja preparado para diferir a discussão da crítica, dispondo de tempo para investigações complementares.

Será impossível avançar antes de alguns pontos de concordância serem estabelecidos: aceitar que haja um problema é o primeiro passo para resolvê-lo. Pode, algumas vezes, ser frustrante ter de perder algum tempo lidando com essas discordâncias, afinal, você sabe que há um problema e quer resolvê-lo. Entretanto, lembre-se de que você não pode forçar uma pessoa a mudar seu comportamento, ela também precisa querê-lo. Assim, reserve algum tempo para lidar com as divergências.

A pessoa não está interessada ou preocupada

Esta situação ocorre, geralmente, com um membro menos motivado de seu grupo, ou talvez com um colega. Neste caso, minha sugestão é:

✓ Faça uma relação clara entre sua crítica e os padrões de desempenho, deixe claro que há uma diferença entre o desempenho atual e o desejado, dizendo por exemplo, "é norma da companhia que um e-mail seja respondido em 24 horas; no mês passado, somente em 50% dos casos você se manteve dentro do padrão";

✓ Reforce essa mensagem, mostrando o impacto do desempenho abaixo do padrão nos objetivos departamentais e organizacionais. Por exemplo, diga "como resultado, o departamento não está atingindo a sua meta, a de responder e-mails em até 20 horas, em média";

✓ Ainda que seja sempre útil encorajar a pessoa criticada a encontrar soluções e a traçar objetivos e planos de ação, nesta situação é essencial envolvê-la no processo e não permitir que ela se mantenha passiva na discussão;

✓ Obtenha um forte comprometimento para a estratégia de mudança, com cronogramas rígidos e, se for apropriado, escritos;

✓ Persista e, se necessário, persista de novo e de novo!

A situação de total desligamento é muito complexa para ser resolvida com um simples "quadro". Entretanto, você deve considerar como as estratégias sugeridas anteriormente podem fazer o diálogo fluir mais naturalmente. Persistência deve ser a sua grande arma contra essas pessoas desinteressadas.

E como dar feedback para alguém que não está aberto para ouvir críticas? Será que existe um jeito para isso? Sim, existe.

Pode não ser uma solução mágica e imediata, mas é baseada em criar um processo de feedback efetivo e respeitoso. Desta forma, com o tempo, a pessoa fica mais aberta a receber avaliações. Você já deve ter conhecido casos de "pessoas difíceis", com as quais era muito complicado estabelecer uma comunicação, mas que ouviam alguém em especial. Qual seria o segredo dessa pessoa que se fazia escutar? Será que ela tinha alguma tática ou tinha apenas um interesse genuíno de ajudar, enquanto os outros apenas criticavam?

Paciência é a competência crucial para lidar com as tais "pessoas difíceis" em nosso dia a dia.

passo

10 chegar a um acordo

Como já mencionei anteriormente, você não pode forçar uma pessoa a mudar seu comportamento ou desempenho; pode ajudá-la e encorajá-la, mas apenas ela pode efetivamente executar a mudança. Assim, é essencial que a pessoa concorde:

✓ Que o objetivo para o trabalho ou o comportamento em questão possa ser avaliado;

✓ Que haja uma diferença entre o atual desempenho e o desejado, com o tamanho da diferença, e a necessidade de minimizá-lo;

✓ Com as ações (isto é, mudança de comportamento, treinamento e procedimentos novos) que minimizariam a diferença;

✓ Com o cronograma para execução das mudanças e, se for uma mudança importante, com as datas para revisá-la.

Este último passo refere-se à sua intenção, que ao mesmo tempo é também o benefício da pessoa. Antes de oferecer feedback, pergunte-se por que você está fazendo esse comentário, qual o seu intuito e que melhoria pode ser gerada ele.

Lembre-se de que as pessoas tornam-se mais abertas e receptivas ao que você tem a oferecer quando você as relembra de quais benefícios elas podem ter com a sua oferta. Por que esse passo é tão importante? Porque todos nós carregamos conosco a bagagem de nossa história, que contém muitos momentos onde outras figuras de autoridade ou amigos fizeram comentários que foram maldosos, humilharam, criticaram, manipularam ou que não tinham o nosso bem-estar como objetivo. Portanto, é esperado que as pessoas tenham uma certa hesitação em receber feedback, antes que se acostumem com a ideia de que o gestor tem intenções verdadeiramente positivas.

Termine o feedback indicando o que pode melhorar para a pessoa com a observação que você fez: "acredito que isto possa ajudar você a negociar ainda melhor, a vender mais, a desenvolver ainda mais a sua liderança, a ter uma performance ainda melhor e se tornar imbatível".

Observe que estes possíveis benefícios motivam a pessoa, pois todos se interessam em crescimento e desenvolvimento, faz parte da natureza humana. Uma vez que a sua intenção e benefício é anunciada, tudo o que foi dito vai ser recebido dentro deste contexto positivo.

Chegue a um acordo e confie que a pessoa terá o comportamento combinado da próxima vez. Diga assim: "chegamos a um acordo? Sim! Sabe por que? Confio em você!" ou "você é importante para meu time". Só isso! E saiam da sala de reunião de maneira positiva.

7 resumo do passo a passo

- 1. Analisar a situação e determinar os efeitos e objetivos: nem todo erro deve ser apontado. Analise se realmente você deve falar com aquela pessoa naquele momento;

- 2. Planejar e saber o que deseja da pessoa antes de falar: feedback é planejado, não é algo que você fala espontaneamente na hora H. Pense sobre o que você deseja que aquele indivíduo faça da próxima vez;

- 3. Ambiente propício: a crítica é feita sempre em particular, portanto, procure uma sala reservada ou qualquer local, desde que estejam sozinhos;

- 4. Comunicar-se efetivamente: cuide também da linguagem corporal e tonalidade vocal para que a comunicação flua sem barreiras;
- 5. Começar pelos pontos fortes: é importante anunciar que será uma conversa positiva. Validar os pontos fortes destrava a escuta e contribui para que a pessoa esteja mais aberta a absorver a crítica;
- 6. Descrever o que aconteceu: cuidado para não interpretar e julgar aquela situação. Para dar feedback justo será necessária a ponderação e isso só ocorre quando descrevemos o ocorrido e não julgamos o fato;
- 7. Ouvir: dê tempo para a pessoa responder. Feedback é diálogo e não monólogo. Ouça o porquê de a pessoa ter se comportado daquele jeito;
- 8. Descrever o comportamento desejado: seja específico ao descrever as ações e comportamentos que deseja que o indivíduo tenha numa próxima oportunidade;
- 9. Preparar-se para uma negativa: e se a pessoa não concordar? Esteja aberto a procurar soluções conjuntamente;
- 10. Encerrar a sessão: chegar a um acordo e finalizar demonstrando confiança de que a pessoa terá o comportamento combinado na próxima vez.

8 e se a pessoa chorar? Como lidar com as emoções?

E quando a pessoa se impressiona, se abala e até mesmo chora?

Se a crítica constante é construtiva, dificilmente você vai se deparar com uma situação em que a pessoa criticada fique muito abalada. No entanto, mesmo com as melhores intenções, essa situação pode ocorrer com um membro de sua equipe ou colega, se você não os preparar adequadamente.

Para maioria das pessoas, esta é a reação mais temida: sabemos que é muito difícil lidar com as emoções no ambiente de trabalho. As estratégias de que você precisa dispor são:

Feedback – Receita Eficaz em 10 Passos

✓ Para a pessoa que se impressiona: demonstre simpatia. Ela tem o direito de se impressionar. Diga por exemplo, "eu entendo que você fique impressionado, se não ouviu nada igual antes". Dê tempo a ela para que expresse o seu choque: estando calma você pode discutir sem problemas os pontos importantes. Ouvir e enfatizar é importante nesse estágio.

✓ Para a pessoa que chora:

- Dê a ela a "permissão" de chorar. Muitas pessoas se sentem embaraçadas por mostrar suas emoções e pensam ser inaceitável chorar no ambiente de trabalho. Diga, por exemplo "tranquilo, respira, essa será conversa positiva", ou até mesmo "não é nenhum problema chorar, sinta-se à vontade";

- Dê a ela tempo e espaço. Esteja preparado para conversar sobre o motivo de ela considerar a crítica ostensiva;

- Quando ela estiver aparentemente calma, sempre averiguando os sentimentos da pessoa, determine as etapas de sua reação;

- Tente nunca encerrar uma sessão, mesmo que seja, aparentemente, a melhor solução. É melhor persistir e tentar levar a sessão para sua parte positiva, à procura de soluções. De outro modo, você pode deixar a pessoa com o problema e sem o suporte necessário para lidar com a situação.

Vamos falar do choro. Afinal, chorar no trabalho é sinal de fraqueza?

A maioria dos profissionais acredita (e pesquisas indicam) que não é uma boa ideia chorar no trabalho e pode evidenciar um perfil comportamental nada desejado: o de um profissional fraco, que não aguenta pressão ou até mesmo desequilibrado. E ninguém quer isso para sua carreira.

Neste capítulo quero propor uma nova perspectiva sobre este grande paradigma que ainda permeia as relações corporativas. Mas, antes, quero enfatizar que, indiscutivelmente, manter-se calmo e tranquilo sob as mais variadas circunstâncias é fundamental para uma trajetória de sucesso na carreira de qualquer profissional, pois suas reações serão sempre de bom senso e prudência.

Uma emoção é só uma emoção e está presente em todo ser humano. Move homens e mulheres e influi em todas as decisões que tomamos. Isto não significa que ela tenha que te controlar. As emoções sempre estarão presentes conosco e ficam melhores se soubermos administrá-las.

Assim como a alegria, risada, entusiasmo e empatia são algumas das emoções valorizadas nas empresas, por que o choro não pode ser válido? Quem nunca ficou nervoso no local de trabalho?

Existe muito julgamento negativo sobre o choro, principalmente quando a carreira profissional está envolvida. E vou além, esse julgamento deriva porque a maior parte das pessoas não sabe lidar com as emoções no trabalho. Não sabem como agir quando veem o outro chorar na sua frente e por isso a tendência é julgar negativamente.

Pense bem, chorar na frente dos colegas e do chefe não é algo que planejamos, mas nas raras ocasiões em que me senti realmente frustrada ou, pior, traída, fiquei com os olhos cheios de lágrimas. Mesmo hoje, mais experiente na minha carreira, volta e meia ainda me acontece.

Não é fácil ver os outros olhando para você neste momento de exposição, mas chorar por qualquer coisa também não lhe ajuda. Para verificar seu equilíbrio emocional, faça uma análise da frequência versus o motivo do choro na sua vida. Se a frequência for intensa e por muitos motivos diferentes, comece a repensar sua forma de reagir às situações, pois a verdade é que o choro recorrente pode afetar negativamente a percepção a respeito de um profissional.

Talvez um dia não se considere mais chorar no trabalho um sinal de fraqueza ou uma situação constrangedora, e isso seja tomado como simples manifestação de uma emoção autêntica. E talvez a compaixão e a sensibilidade venham a tornar-nos profissionais mais naturais no futuro.

Enquanto isso, todos nós podemos acelerar essa mudança nos empenhando daqui pra frente a nunca mais dizer (e desafio a nem pensar) as seguintes frases julgadoras que ainda ouço por onde passo:

"Chefe cobra tanto Fulano que ele não aguentou, chorou";
"Chorar é coisa de gente fraca";
"Fulano é muito sentimental, não aguenta pressão";
"Não aperta o Beltrano que ele espana;"
"Eita, mulherzinha frágil";
"Que ridículo chorar na frente do chefe".

E tantas outras...

Lágrimas podem acontecer a qualquer momento, portanto, se não quiser ser julgado, pare imediatamente de fazer isso com os outros. Partilhar as emoções ajuda a construir relações mais profundas.

O que fazer quando a pessoa se zanga?

Essa situação pode surgir quando você tenta fazer uma crítica construtiva a um colega ou a um chefe, que o não consideram capaz ou em condições de criticá-los. Ela também pode ocorrer se fizer pouco tempo que você assumiu a gerência, com membros de sua equipe que estão na empresa há muito tempo. Os anos lhes dão a certeza de terem feito bom trabalho e eles podem se considerar superiores ou indispensáveis.

Estes indivíduos podem ficar chocados e irritados se receberem uma crítica questionando seu trabalho. Pessoas irritadas podem ser muito difíceis de lidar. O que fazer então? As estratégias que você deve usar são:

✓ Compreenda a situação, entenda que ele tem o direito de se zangar, e tente mostrar que a sua crítica não foi mal colocada, dizendo, por exemplo "eu entendo

Feedback – Receita Eficaz em 10 Passos

que você está zangado, o que eu disse provavelmente foi um choque para você";

✓ Encontre algum ponto comum sobre o que concordar, dizendo, por exemplo "eu sei que você tem trabalhado muito";

✓ Não mude de posição (a menos que esteja sinceramente convencido), pois a raiva pode ser usada como uma arma. Por exemplo, aquelas pessoas da sua organização que ninguém ousa provocar, em função do comportamento ser tão difícil.

Obviamente, é muito melhor evitar as reações de raiva. Se está tratando com uma pessoa que você sabe que tem o "pavio curto" ou é muito sensível às críticas, pense sobre:

✓ Estabelecer um contrato de crítica. Estipule um relacionamento em que ambas as partes possam fazer e receber críticas. O ideal seria fazê-lo antes de se encontrar nesta situação. Entretanto, se você não for capaz de preestabelecer o contrato, pode ser de grande utilidade começar apresentando-o em uma sessão de crítica na qual se discuta um tema delicado ou que participe uma pessoa muito sensível;

✓ Ajustar seus objetivos de acordo com os da pessoa criticada. É interessante que vocês concordem que estão trabalhando pelo mesmo objetivo. Por exemplo, proporcionar um atendimento excelente ao cliente. Há, neste procedimento, o duplo benefício de, por um lado, enfocar o aspecto positivo daquilo que você está tentando obter e, por outro, propiciar um ponto de concordância desde o início.

Isso exige coragem, assim como a habilidade de lidar com as pessoas de "pavio curto". Entretanto, esta é uma situação na qual a crítica pode ter uma poderosa influência, pois é comum que essas pessoas não estejam acostumadas a trabalhar com avaliações e análises.

E quando a pessoa contesta seu direito de criticá-la?

A contestação pode aparecer nas mais variadas situações: talvez mais comumente com pessoas que não esperam ser criticadas por você, tais como seu chefe, colegas de outro departamento e clientes. Esses relacionamentos podem ser de dois tipos: aqueles mais próximos e regulares (por exemplo, seu chefe); e aqueles mais distantes e menos frequentes (por exemplo, seus clientes).

No caso do primeiro tipo, a estratégia é para que se estabeleça um contrato de crítica. Ainda que os conceitos de críticas "verticais" e "horizontais" sejam muito falados no momento, eles são raramente implementados em toda a organização ou de modo sistemático. Assim, é comum que a ideia de criticar seu chefe ou colega possa lhe parecer desanimadora. Estabelecer este contrato permite a você tatear suavemente aquilo que pode ser considerado "águas perigosas".

Os dois princípios seguintes se aplicam a ambos os tipos de relacionamento:

✓ Frisamos que a credibilidade em criticar um assunto específico é vital. Em situações em que essa credibilidade seja contestada (por exemplo, com seu chefe ou colega de outro departamento) ou simplesmente desconhecida (por exemplo, com seus clientes), é essencial estabelecê-la previamente. Lembre seu chefe de que você tem muita experiência em um assunto específico. Com clientes, a melhor abordagem seria lembrá-los de que você possui um conhecimento bastante detalhado de um determinado procedimento ou produto;

✓ Novamente, adequar os objetivos das duas partes pode ser uma técnica poderosa. Por exemplo, no tratar com um cliente que reclamou de entregas atrasadas, mas que, na verdade, é o causador do problema por estar atrasando seus pedidos (e assim você precisa criticá-lo), será de grande ajuda começar dizendo "fico satisfeito que seja muito importante para você receber as entregas dentro do seu cronograma de produção. Nosso objetivo é dar-lhe o melhor serviço possível. Assim, é muito importante conhecer suas necessidades de entrega". Isso coloca o foco sobre aquilo que você quer obter, abrindo espaço para sua crítica construtiva.

Refletindo sobre essas estratégias, você se prepara não apenas para enfrentar tais situações, como, também, para resolvê-las. Fazendo uso delas, conjuntamente com os passos para dar feedback, você organizará sessões de críticas muito interessantes.

9 como ouvir uma crítica? Técnica dos 3 A's

Cada um de nós recebe as críticas de uma forma e intensidade. Tudo muda dependendo do seu humor, estado de espírito e receptividade no momento em que está sendo criticado.

Alguns autores classificam as pessoas como **baldes**, **copos** ou **cálices**.

Os **baldes** são aqueles utensílios que temos em casa e usamos para encher de água. São aquelas pessoas sempre dispostas a receber muitas críticas, e até mesmo as procuram. Muitas vezes se sentem confiantes e preparados para sempre melhorar, e parecem realmente acolher bem as críticas.

Entretanto, Russel nos alerta contra, na expressão

do próprio autor, os "baldes furados", isto é, pessoas que parecem estar abertas a receber críticas, mas as mesmas entram por um ouvido e saem pelo outro, ou seja, aquele feedback se torna inútil. Continuando a imagem proposta pelo autor, a crítica é despejada num balde furado e não terá nenhum efeito e nenhum resultado de mudança. Nos **copos**, geralmente colocamos um tipo de líquido por vez. São os indivíduos capazes de receber uma quantidade razoável de crítica, isto é, absorvem, processam e trabalham para mudar do que está sendo criticado. Já os **cálices** precisam de uma atenção especial. Aquela taça pequenina, com capacidade reduzida para receber o líquido: quando o líder começa a fazer uma crítica a pessoa "transborda" agindo de maneira agressiva ou com muita sensibilidade.

Os cálices não estão aptos a receber mais do que uma crítica específica. Talvez por insegurança, por não acreditarem em sua capacidade de melhorar, ou simplesmente porque têm medo de perder seu trabalho, essas pessoas têm a crença de que se estão recebendo uma crítica, é porque algo muito grave aconteceu e este evento trará consequências pesarosas. Assim, seja gentil com eles.

Preste bem atenção se você está se dirigindo a um balde, copo ou cálice. Por esse motivo o feedback tem que ser planejado: para que você possa lidar com qualquer uma das opções de forma assertiva. Durante a sessão de crítica, fique atento às reações e sempre ouça quem está à sua frente. Se por alguma razão perceber que a pessoa está em sua capacidade máxima de receber crítica, tenha empatia, seja direto e concentre-se na solução daquele problema.

Lembre-se: você não controla se a pessoa que está recebendo a crítica irá construir ou destruir com o feedback recebido, de qualquer forma, você sempre fará sua parte com maestria, seguindo os passos propostos nesse livro.

Ao receber feedback:

✓ Seja específico na descrição do comportamento sobre o qual você deseja feedback;

✓ Tente não agir defensivamente ou racionalizar o comportamento em questão;

✓ Sumarize o seu entendimento do feedback que recebeu;

✓ Compartilhe sua opinião e sentimentos sobre o feedback;

✓ Utilize a técnica dos 3 A's: Acolha, Agradeça e Analise.

Acolha: Quando alguém lhe dá feedback, acolha e ouça o que a pessoa está dizendo. Não estou dizendo para aceitar e sim para ouvir o que está sendo dito.

Agradeça: Se qualquer pessoa na face da Terra parar tudo o que está fazendo e vier lhe fazer uma crítica, tenha certeza de que você gerou impacto na vida dela, portanto agradeça o que a pessoa está falando e a crítica recebida.

Analise: Tente entender o que a pessoa está lhe transmitindo, o que a levou a ter a percepção ou sentimentos que teve sobre seu comportamento. Cabe a você, sem discutir o feedback recebido, decidir se deve ou não mudar. Afinal, você é o gerente do seu comportamento e o único que poderá analisar se aquela crítica procede ou não.

Levar as coisas para o lado pessoal causa problemas no trabalho

Levar as coisas para o lado pessoal causa problemas. Um jogador de futebol tem que correr e levar a bola para o fundo do gol e para isso atropelará qualquer um que se ponha em seu caminho. O fato do zagueiro ser seu amigo não significa que ele não enfiará a chuteira em sua canela – se tiver que fazê-lo.

Feedback está relacionado às ações e não às pessoas!

Os colegas de trabalho não são nossos amigos nem nossa família. Não os escolhemos e não importa de quem gostamos no trabalho. Simplesmente precisamos trabalhar com eles. Conheço inúmeros profissionais bem-sucedidos que se recusam a ter contato social com os colegas de trabalho.

No mundo corporativo o que vale é a competência e trazer bons resultados. Ponto final! E para isso, muitas críticas serão feitas.

Saber o ponto de equilíbrio entre relacionar-se bem, manter-se focado no resultado trabalhando com qualquer pessoa (independentemente se gosto dela ou não) pode ser o segredo para o sucesso. Levar as coisas para o lado pessoal é receita infalível para o fracasso.

Você também precisa da crítica para apresentar um desempenho efetivo, para crescer e se desenvolver. E se você faz críticas, deve estar preparado para recebê-las. Isso faz parte do dia a dia no trabalho, quer tenha sido ele estabelecido formalmente ou não.

Ao receber uma crítica, é importante considerar:

✓ A quantidade de crítica que você está recebendo;

✓ Quem está ou não criticando;

✓ Se essas críticas são construtivas;

✓ Como você se sente ao recebê-las.

Vamos falar sobre **deserto de crítica**. Quantas plantas conseguem sobreviver em condições desérticas? Quantas pessoas são capazes de sobreviver em um deserto de críticas?

É surpreendente o número de pessoas que responderam "não muitas" à primeira pergunta. Mas, e quanto às pessoas? Com certeza, ao menos o seu chefe costuma fazer-lhe uma crítica, ao menos em uma avaliação anual da empresa, mas o que costuma acontecer em relação à crítica que deveria ser feita no dia a dia do trabalho?

Quantos chefes, se chamados por seus subordinados a emitirem mais críticas, diriam: "se você quer saber como anda seu desempenho, é sinal de que as coisas não estão indo muito bem", ou "não se preocupe, eu lhe direi quando estiver fazendo algo errado"?

Um colega meu já se encontrou diante das duas situações e ficou preocupado. Será que entendera bem o que o chefe havia dito? Estaria realmente tendo um bom desempenho, ou apenas razoável e, a menos que melhorasse em algum aspecto (até então não determinado), estaria exposto ao risco de baixar de posto, a ponto de necessitar de alguma medida corretiva? Como poderia aprimorar seu desempenho, posicionando-o para além do apenas razoável? E quanto aos seus colegas de equipe ou aos funcionários que trabalham sob sua liderança? É possível que você sinta que determinado relacionamento não esteja indo bem, embora não saiba dizer o porquê. As pessoas podem ficar extremamente surpresas ao descobrirem que há um problema e que o mesmo já vem se desenvolvendo há algum tempo.

A crítica resultante de tal situação está, na maioria dos casos, longe de ser construtiva, uma vez que acontece quando alguém já chegou a tal ponto de frustração que seu medo ou falta de disposição para fazê-la é substituída pela necessidade de agir. No ambiente de trabalho, é comum ter que se combater a crítica de baixa qualidade e a destrutiva.

Retomando a pergunta que fiz anteriormente, com relação à maneira como você se sente ao receber críticas, é possível que você argumente, dizendo não haver problema quando ela é construtiva, que tudo depende da pessoa de quem ela parte etc. É importante, porém, que você reflita sobre essa questão e passe a observar suas reações para descobrir o quão receptivo você é, de fato, às críticas. Há algo que o impeça de buscá-las ou você está, de certa maneira, demonstrando pouca boa vontade para recebê-las?

Por exemplo, você:

- ✓ Sente que "fracassou" e fica muito irritado quando alguém sugere que seu desempenho não está atingindo o padrão desejado?;
- ✓ Evita dar às pessoas a oportunidade de criticá-lo, caso tal comentário afete negativamente sua carreira?;
- ✓ Teme não ser capaz de melhorar seu desempenho?;
- ✓ Acredita que não há qualquer necessidade para críticas? Afinal, tudo vai bem!;
- ✓ Sente-se constrangido quando alguém tece críticas, quer de natureza positiva, quer de natureza negativa à sua pessoa?;
- ✓ Evita buscar críticas?

Aceitar que se tem barreiras quanto a receber críticas é o primeiro passo a ser dado. Agora é o momento de considerar o quão reais são essas barreiras e começar a moldá-las de forma mais positiva.

Concentre-se nas vantagens que receber críticas pode lhe trazer: a oportunidade de aprender e crescer, de lidar com dificuldades antes que venham a se tornar problemas, de melhorar e desenvolver relacionamentos.

Algumas pessoas costumam afirmar que a crítica bem-feita é uma verdadeira dádiva. Concordamos com a metáfora, que consideramos de grande utilidade.

Costumamos associar a palavra dádiva a coisas valiosas que recebemos e que nos fazem bem. Que perspectiva diferente a crítica assume quando passamos a encará-la como uma dádiva?

Há também evidências de que a busca por críticas, a partir da ideia de dádiva, gera uma impressão positiva. E, então, você continua sendo o que chamamos anteriormente "balde" no que diz respeito a aceitação de críticas?

De quem você precisa ou deseja receber críticas?

De quem, então, precisamos receber críticas? A resposta deve ser de toda e qualquer pessoa, e quanto mais críticas obtivermos, melhor.

Entretanto, temos maior necessidade de recebê-las daqueles cuja opinião mais valorizamos e que podem, portanto, exercer influência mais acentuada em nosso desenvolvimento. Por exemplo, se você for um jovem músico que aspire a uma bela carreira, é provável que se deixe influenciar mais pelas críticas de alguém que tenha nome respeitado no mundo da música, do que por um indivíduo incapaz de ler uma só nota musical.

Da mesma forma, se você é assistente de vendas, é provável que valorize uma crítica em relação às suas habilidades de atendimento ao cliente, quando vindas de um profissional cuja habilidade de atendimento você admire. Em geral, as críticas vindas de nossos chefes, cônjuges e sócios são as de maior importância em nossa escala de "necessidade de crítica".

Por outro lado, é provável que você se mostre menos disposto a aceitar críticas vindas de seu subordinado, uma vez que podem ameaçar sua posição como gerente. Ainda assim, é possível que os funcionários a você subordinados sejam as pessoas com quem você tenha maior contato no dia a dia. Eles ocupam posição ideal para comentar a respeito de seu desempenho, especialmente na qualidade de "gerenciador de pessoas".

Será que você poderia dispensar essa valiosa fonte de informação? De forma semelhante, colegas mais íntimos ou outros membros da equipe a que você pertence são capazes de fornecer uma perspectiva única a respeito de suas habilidades, como pessoa apta a trabalhar em equipe ou em termos de sua capacidade de comunicação.

E não se esqueça de seus clientes e fornecedores: eles também podem ser fonte valiosa de crítica em relação ao seu desempenho. O que pretendo dizer, é, em outras palavras, que a crítica constitui um instrumento valioso, não importa de quem ela parta.

Como obter críticas construtivas?

Se o problema é que você não tem recebido qualquer tipo de crítica, sobretudo daquelas pessoas cuja opinião é fundamental para você, chegou o momento de pedi-la.

Caso isto pareça embaraçoso e você se sinta tentado a ignorar a ideia, procure considerar o que você irá obter se o fizer: boa quantidade de informação valiosa que apenas o ajudará a melhorar o seu desempenho.

Lembre-se, ainda, de que você tem "direito" à crítica, assim como qualquer outra pessoa. Do mesmo modo que você deve traçar uma estratégia para fazer críticas, trace uma para obtê-las.

✓ Determine o tipo de resultado que você deseja obter, sobre o que quer ser criticado e por quê;

✓ Ajuste-se à pessoa de quem deseja receber críticas: ela tem condições de fazê-las no momento presente? A pessoa está motivada ou interessada em criticar você em relação a esse assunto em particular?;

✓ Diga com antecedência à pessoa de quem deseja receber críticas que você está buscando sua ajuda e cooperação. Assim, ela terá tempo para pensar o que irá fazer, como também terá oportunidade de expressar preocupações com relação ao "fazer" a crítica, quer por não considerar-se a pessoa certa para fazê-la, como por não por dispor de tempo no momento;

✓ Verifique seu grau de receptividade a críticas (você é o que já chamamos de anteriormente de "balde", "copo" ou "cálice"?). Se sua resposta for cálice, este pode não ser o melhor momento para você;

✓ Utilize suas habilidades de comunicação: entre em sintonia, ouça efetivamente e esteja preparado para questionar com eficiência;

✓ Seja específico quanto ao tipo de auxílio que necessita. Diga, por exemplo: "você me ajudaria a elaborar adequadamente meu relatório?", em vez de pedir para ser julgado, dizendo: "o que acha do meu relatório?";

✓ Evite fazer afirmações como: "você gostou da minha última apresentação, não é mesmo?";

✓ Aja conforme aquilo com o que concorda, esteja preparado para falar sobre as coisas de que discorda ou que não compreende e mantenha a mente aberta – é possível que elas façam sentido.

Experimente o seguinte: faça uma relação daquilo que você julga que seria benéfico ser criticado e das pessoas que poderão ajudá-lo. Observe o efeito que causa nelas ao deixar claro que está interessado e valoriza as críticas que possam vir a fazer, assim como valoriza também o resultado que a abertura desse canal de comunicação possa trazer ao relacionamento vocês.

Acreditamos que desbloquear os canais de crítica pode trazer benefícios que vão bem além do assunto abordado na análise. Essa abertura pode melhorar e fortalecer a comunicação, os relacionamentos e a disposição geral.

Como lidar com a crítica menos construtiva

Você pode fazer uma crítica a mim, dizendo algo como: "bem, está certo que você fala sobre como conseguir que as pessoas façam críticas construtivas, mas o fato é que você não conhece nem meu chefe, minha equipe de trabalho, meu marido ou minha esposa. Meu problema é que as pessoas em geral acreditam que dizer o que não aprovam em mim é jogar limpo. Críticas positivas posso tolerar, mas e quanto ao resto delas?".

Vejamos, então, de que maneira você pode lidar com o restante da humanidade que não tenha lido esse livro. Sugiro seguir algumas maneiras de transformar a crítica destrutiva em construtiva:

- ✓ Identifique os motivos que essas pessoas têm para fazer-lhe uma determinada crítica nesse exato momento;

- ✓ Controle seus pensamentos: é provável que você esteja se sentindo deprimido ou zangado com as críticas que está recebendo. Busque a intenção positiva que há por trás das palavras aparentemente negativas. Pode ser que as pessoas estejam tentando ajudá-lo a melhorar seu desempenho, e não estejam querendo atacar você. Quer seja esse o caso ou não, perceber a crítica dessa forma mais positiva, irá ajudá-lo a lidar com ela;

- ✓ Se a crítica for subjetiva ou voltada à sua personalidade ou atitude, utilize sua habilidade de questionamento, para direcionar a crítica para os problemas reais, buscando exemplos: "você diz que não me dou bem com o resto da equipe. Poderia apresentar-me alguns exemplos de atitudes minhas que estejam acarretando problemas?". A partir daí, procure manter a discussão orientada para tais problemas;

- ✓ Da mesma forma, se a crítica for vaga, procure obter mais detalhes. Você poderá dizer: "compreendo que está me dizendo que meu relatório não atende às necessidades do gerente de marketing. Poderia ser mais específico quanto às necessidades dele as quais meu relatório não está atendendo?". Continue a investigação, até que todos os detalhes tenham sido absolutamente esclarecidos;

✓ Se a pessoa que critica estiver zangada ou agressiva, comece demonstrando-lhe empatia dizendo: "sei que você está aborrecido pelo fato de não tê-lo consultado a respeito de...". O próximo passo irá depender de você considerar ou não a crítica justificável. Caso você não considere justa é possível que deseje explicar porque não consultou a pessoa em questão. Em qualquer das circunstâncias, procure dirigir a questão para o futuro, dizendo: "como podemos assegurar que isso não aconteça de novo?" ou "de que forma gostaria que eu agisse da próxima vez?". Caso a agressividade persista, continue direcionando a conversa para o que deve ser modificado com respeito à situação. Contar com uma estratégia e concentrar-se no problema, em vez de fixar-se nas atitudes de agressividade de seu interlocutor, ajudará você a manter a calma e assumir o controle da discussão;

✓ Tire proveito da forma que a crítica é transmitida, resumindo a avaliação destrutiva da outra pessoa e reproduzindo-a em suas próprias palavras construtivas;

✓ Procure lembrar-se de que se alguém está se dando ao trabalho de criticá-lo, é possível que uma mudança em seu desempenho ou comportamento valha mesmo a pena;

✓ Agradeça à pessoa por ter feito a crítica e procure manter uma visão clara de seu valor pessoal, através de uma avaliação da crítica, levando em conta seu autoconhecimento anterior;

✓ Determine os resultados que deseja obter após ter recebido a avaliação. Se uma modificação em seu desempenho se impuser, determine o que deve ser feito de maneira diferente, a fim de atingir o resultado desejado. Trace um plano;

✓ Visualize o bom resultado da mudança que se tenha operado; isso o levará a motivar-se quanto às mudanças;

✓ Tenha determinação e implemente seu plano, certificando-se de reavaliar seu progresso;

✓ Faça uma análise do resultado obtido para a pessoa que o criticou anteriormente.

Acima de tudo, procure manter em mente que a crítica é uma dádiva. Não é necessário que você a aceite sem questioná-la, mas você deve a si próprio o direito de refletir sobre ela e avaliá-la. Só você pode decidir-se por uma mudança de desempenho ou comportamento.

Caso decida rejeitar a crítica, é importante deixar que a pessoa que o criticou tome conhecimento, tanto de sua decisão, quanto dos motivos que o levaram a isso. Dessa forma, o ciclo da crítica terá sido completado. Do contrário, em vez de melhorarem, os relacionamentos correrão o risco de virem a se deteriorar.

A capacidade de receber e lidar com críticas é uma habilidade tão vital quanto a de fazê-las. São os dois lados da mesma moeda. As duas habilidades requerem prática e você estará aprendendo a partir de cada experiência de crítica.

Aprimorando continuamente suas habilidades de retornos positivos

Desenvolver suas habilidades para criticar e ser criticado de forma construtiva é quase como adotar um novo estilo de vida. À medida em que você absorve o conceito de crítica, estará tomando consciência de que você está, de fato, fazendo ou recebendo críticas, de alguma forma, a todo momento.

Além das sessões mais formais de avaliações que você pode planejar, haverá ocasiões nas quais você se encontrará fazendo ou recebendo críticas informalmente. No ambiente profissional, por exemplo, ao mencionar a um de seus subordinados que seria útil incluir um determinado assunto ou detalhe na circular sobre as minutas de reuniões de equipe de trabalho, ou, em sua vida particular, ao lembrar a uma das pessoas mais íntimas e queridas que seria conveniente que ela ou ele lavasse a louça.

Tais situações de menor importância no cotidiano (pelo menos assim consideradas por você) constituem oportunidades para que você pratique suas habilidades de crítica.

Você ficará surpreso com os benefícios – na verdade, esses pequeninos problemas tem a curiosa tendência de virem a se transformar em motivos suficientes para

Feedback – Receita Eficaz em 10 Passos

desencadear uma verdadeira guerra, sem que haja para isso uma boa razão aparente.

Entretanto, a "boa razão" pode ser que seu subordinado interprete seu comentário bem intencionado como sendo uma crítica destrutiva em relação ao seu desempenho, no que diz respeito à maneira como ele faz circular as minutas do departamento ou sessão. Da mesma forma, aquela pessoa querida a quem você pediu a gentileza de lavar a louça pode argumentar que você está fazendo tempestade em copo d'água, um caso de coisas absolutamente sem importância; ela pode ficar zangada e, em consequência, ignorar seu gentil pedido de colaboração.

Para se desenvolver qualquer habilidade, dois ingredientes fundamentais são indispensáveis: a oportunidade de praticar e o desenrolar da crítica.

No caso de desenvolver suas habilidades de avaliação, há a possibilidade de você receber um comentário em relação à crítica feita (além do que, vale lembrar que buscar críticas é sempre válido!). Mas, é certo que em diversas ocasiões você tenha que confiar apenas em sua própria percepção. A maneira de fazer isso é pensar a respeito do que tem acontecido e estabelecer um sistema que lhe permita fazer a si mesmo ponderações construtivas quanto ao aprimoramento constante de suas habilidades de crítica.

Talvez seja interessante utilizar-se de algo mais estruturado, como as tabelas abaixo, comparando resultado(s) com objetivo(s), identificando com clareza o que saiu bem e o que não aconteceu como desejava e ainda, porque isso aconteceu.

Por fim, e mais importante que tudo, seja específico quanto ao que aprendeu pela experiência e o que pretende fazer de maneira diferente na próxima ocasião.

Questionário 1: Algumas perguntas para reflexão quando fizer uma crítica:

✓ O que esperava criticar?

✓ Qual foi o resultado?

✓ O que saiu bem e por quê?

✓ O que não saiu tão bem e por quê?

✓ O que aprendi?

✓ O que farei de maneira diferente da próxima vez?

Questionário 2: Algumas perguntas para reflexão quando receber uma crítica:

✓ Eu as busquei? (Sim/Não)

✓ Se sim, quais foram meus objetivos?

✓ Se não, como deveria tê-las buscado?

✓ Se não, quais foram os objetivos da pessoa que as fez?

✓ Qual foi o resultado?

✓ O que saiu bem e por quê?

✓ O que não saiu tão bem e por quê?

✓ O que eu aprendi?

✓ O que farei de maneira diferente da próxima vez?

Há três mensagens que surgem consistentemente em nossa pesquisa. A primeira delas é o grande sentido pessoal de aprendizado que surge a partir do fazer críticas construtivas. Pode soar ambíguo o fato de você criticar com a finalidade de desenvolver o outro, mas se a intenção é genuína, os resultados serão recompensadores.

O segundo ponto é o grande sentido de satisfação no trabalho que se experimenta quando a crítica que você faz, quer seja formalmente na função de gerente, como informalmente, na condição de amigo e colega, é levada em consideração, resultando em posterior melhoria de desempenho.

Em terceiro lugar, é de primordial importância reconhecer o extraordinário poder que a crítica construtiva pode ter em nossos relacionamentos, na disposição de modo geral e como fator de motivação. É realmente importante conseguir ouvir a crítica sem ser defensivo ou sentir-se ofendido, transformando-a numa fonte de aprendizagem.

10 como fazer elogio? Técnica dos 3 E's

Vamos refletir sobre um fenômeno que tenho observado nas empresas há muito tempo: somos em geral rápidos em apontar os erros dos outros e lentos ao reconhecer seus acertos.

Por que é tão difícil reconhecer algo positivo nas pessoas no trabalho? Por que muitos líderes simplesmente negligenciam a prática de dar feedback positivo para seus colaboradores? Por outro lado, o retorno negativo se faz constantemente presente no nosso dia a dia.

Com frequência, lideres evitam dar às pessoas qualquer espécie de retorno porque têm medo de que, quanto mais lhes der, mais irão querer. Em minha prática ministrando treinamentos pelo Brasil, percebi que os conceitos sobre importância do feedback no dia a dia da gestão estão mudando, mas ainda há muito o que avançar.

Acredito que a forma mais eficaz para manter um alto grau de eficiência no trabalho só acontece com a prática constante de dar e receber feedback.

Todos nós precisamos de um retorno, seja positivo ou negativo, sobre nosso comportamento ou desempenho. Obviamente, preferimos receber o positivo, mas quando não se tem nenhum retorno sobre a atuação, aceitamos até mesmo o negativo. A razão é simples: o sofrimento emocional gerado pela indiferença é maior que o desconforto de receber um feedback negativo. Sonegar feedback positivo a alguém é uma espécie de castigo psicológico.

Muitos líderes alegam se sentir desconfortáveis ao elogiar alguém, como se prestigiar um colaborador fosse motivo para o indivíduo parar de fazer algo bom e escolher, então, fazer algo ruim. Não tem sentido! Já ouviram a expressão "basta elogiar que a pessoa não faz mais!". Na boa, isso é uma imensa bobagem. E vou além: infelizmente, vejo esse comportamento nas famílias, em que pais e filhos se desconectam pelo simples fato do foco estar somente nas críticas.

Você pode começar pelo básico: o simples fato de dar bom dia a um funcionário e perguntar como foi seu final de semana é um feedback importante! Muitos líderes consideram como algo irrelevante ou papo furado desnecessário, mas é, na verdade, um feedback de grande valor para a maioria das pessoas. Isso se aplica tanto aos seus colaboradores e colegas como também a amigos e familiares.

Se trabalhasse para alguém que nunca olhou para você, nem se dignou a dizer um "olá", confiaria nessa pessoa? Você se esforçaria para aumentar ou manter sua produtividade? Temeria ou respeitaria esse chefe?

Feedback positivo pode ter efeito curativo sobre a pessoa que recebe: às vezes, um simples elogio é tudo que ela precisa ouvir para se manter conectada com o projeto ou a causa na empresa. Pode ser muito poderoso e também muito eficaz.

Quanto custa fazer um elogio a um colaborador?

Tem chefe que só enxerga o que falta em você e não o que lhe sobra. Algumas pessoas parecem ter a certeza de que a língua vai cair se agradecerem ou elogiarem o bom trabalho alheio. Fiquem tranquilos, isso não acontece, eu garanto!

Uns chamam elogio de feedback positivo, outros veem como uma forma de incentivo ou aproximação. Pouco importa o nome dado a essa ação, o importante é entender que ela é vital para o bom clima e relacionamento, seja na empresa, na família, ou em qualquer ambiente que você frequente.

Como você se sente quando é elogiado?

O elogio desencadeia uma série de substâncias do prazer, da alegria e da satisfação em quem o recebe, acarretando em mais autoestima. O colaborador que é elogiado fará um pouco melhor, e dará um algo a mais para, quem sabe na próxima vez, receber outro elogio.

Nas minhas aulas de MBA, oriento meus alunos a fazerem um trabalho de pesquisa sobre o impacto positivo que geram em todos ambientes que tramitam. Para minha surpresa, o resultado é que a maioria das pessoas pesquisadas estranham o fato de ter que citar um aspecto positivo, pois estão acostumadas a criticar e focar no negativo.

Veja bem, não me refiro ao elogio puxa-saco ou falso, aquele mais exagerado, interesseiro e deslocado, bem fácil de se identificar. Geralmente, são emitidos para pessoas que ocupam posições hierárquicas superiores. São os famosos "tapinhas nas costas".

Infelizmente, a maioria das pessoas no trabalho, sejam chefes ou funcionários não elogiam. É impressionante como vivemos numa cultura de crítica, em que basta um simples erro no trabalho ou uma ação fora dos padrões esperados para que, rapidamente, a crítica chegue feroz e pontual. Mas, e quando fazemos algo bacana, algo extraordinário na empresa?

Quando foi o elogio mais recente que você recebeu? Às vezes, um elogio sincero é tudo o que funcionário deseja para continuar a performar e crescer.

Faça elogios sinceros, todo mundo quer e todos nós precisamos. Elogie, elogie e elogie, a cada bom novo comportamento na empresa. Seja generoso na sua aprovação.

No livro *"O Poder do Elogio nas Organizações"*, um dado da pesquisa realizada me chamou atenção: 56% das pessoas consideram que o elogio é mais poderoso que uma bronca. É o caminho mais eficaz para se conseguir um comportamento desejado de outra pessoa. Está mais que na hora dos líderes focarem nas qualidades que sobram nos colaboradores, e não somente nas que faltam.

E você? **Quando foi o elogio mais recente que você deu?** De nada adianta reclamar que não recebe elogio se você mesmo não tem o hábito de fazê-lo.

Seja justo com quem faz a diferença. Quem merece um elogio agora, que é do seu contato pessoal ou profissional? Fale para essa pessoa agora mesmo e não vai custar nada.

Para fazer elogio use a técnica dos 3 E's: **Expresse**, seja **Específico**, **Espalhe**:

✓ **Expresse:** Certos elogios podem ser interpretados de forma inesperada pela pessoa receptora. Tenha certeza que o indivíduo irá compreender seu elogio de forma positiva e não como se fosse uma indireta. Por exemplo, você sente um aroma agradável de um perfume de certa pessoa, e diz a ela: "que perfume agradável! Senti de longe". Esse comentário pode dar a impressão de uma indireta, como se o perfume tivesse sido usado de forma exagerada, tomando conta do ambiente e incomodando outras pessoas. Se possível, olhe nos olhos, demonstre que se familiarizou e que se sentiu agradável, mostre-se interessado pelo assunto que foi motivo do elogio ao indivíduo.

✓ **Seja específico:** O elogio pode ser considerado um ato puramente de reconhecimento, do fundo do coração da pessoa que o emite e também pode também ser um ato irônico, sedutor, bajulador e sarcástico. Não adianta dizer coisas do tipo: "Fulano faz um trabalho excelente"; "ele é uma boa pessoa"; "um funcionário maravilhoso". Propagar tais elogios genéricos pode torna-los vazios e até pedantes. Melhor evidenciar um acontecimento específico que a pessoa realizou, no qual mostrou um trabalho excelente, por exemplo. Vou dar uma dica simples, você pode dizer: "É isso ai!"; "muito bem"; "bom trabalho" ou ainda "meus parabéns". Todos esses comentários são ótimos e muitas pessoas se sentem melhor depois de ouvir esse tipo de observação. O problema é que muitas vezes se tornam vazios e insignificantes. Por não terem o verdadeiro poder do feedback positivo.

Ao falar com alguém descreva o comportamento específico que deseja elogiar e descreva como se sente a respeito. Assim, a pessoa saberá exatamente o que fez e então poderá repetir esse bom comportamento. Exemplo: "Nas últimas semanas percebi que você fez de tudo para me ajudar. Estou grato especialmente por você ter passado a incluir mais detalhes no relatório, o que facilita meu trabalho para encontrar as informações. Isso poupa meu tempo e deixa o trabalho mais agradável".

✓ **Espalhe!** Se viu algo, diga! Tenha em mente o quanto uma palavra pode salvar a vida de alguém. Experimente elogiar uma pessoa hoje e você verá o efeito positivo que vai causar no seu ambiente.

Momentos de sucesso também são momentos de aprendizado. É comum ouvir as pessoas dizerem "Sei

lá como consegui, o que interessa é que deu certo!".
Na euforia da vitória, elas não querem avaliar o evento e perdem uma grande oportunidade de replicar o que funcionou tão bem.

Outro motivo importantíssimo que não pode ser esquecido é o fator multiplicação. Todo feedback incentiva a tendência de repetir a mesma ação. Estudos de comportamento humano demonstram que a melhor maneira de se perpetuar um comportamento que está funcionado é reconhecê-lo, muito diferente da ideia antiga de que "a pessoa já sabe que faz bem, não preciso dizer nada".

Assim, o feedback positivo exerce a função de ajudar a manter e multiplicar o que está funcionando.

11 feedforward

Quero trazer para seu conhecimento uma técnica nova chamada feedforward. Acredito que ela seja ainda mais importante que o feedback nas empresas.

O que é esse tal feedforward?

É dar a alguém sugestões para o futuro que tenham o máximo de utilidade.

Ao contrário do feedback, o feedforward minimiza erros antes que estes aconteçam. A vantagem dele em relação ao feedback se dá no ponto em que este vem antes do evento realizado. O feedback está baseado no passado, enquanto o feedforward está um passo à frente, pode ser expansivo e dinâmico.

A parte mais interessante do feedforward é justamente a antecedência. Esta técnica possibilita a troca de conhecimento e experiências prévias, funcionando como um grande filtro de erros. Os colaboradores adoram dar sugestões e os líderes podem aprender novas maneiras de trabalho com o feedforward.

Ambos ganham com o feedforward, funcionários e líderes. Os colaboradores podem contribuir dizendo qual a maneira que imaginam realizar o trabalho e agregar valor. Os líderes indicam a direção e como a tarefa deve ser realizada.

Algumas boas razões para começar a praticar o feedforward:

- ✓ Através do feedforward podemos mudar o futuro, podemos discutir como as coisas serão feitas;
- ✓ O objetivo é indicar caminhos para alguém acertar;
- ✓ O feedforward se concentra nas soluções;
- ✓ As pessoas gostam de receber boas sugestões que contribuam para alcançar suas metas;
- ✓ Com o feedforward fica mais difícil levar a crítica para lado pessoal;
- ✓ O feedforward parte do princípio de que as pessoas são capazes de fazer mudanças positivas para o futuro. O feedback tende a reforçar os estereótipos, as previsões de autossatisfação e o sentimento de fracasso;
- ✓ Mesmo que erros aconteçam, a mentalidade do feedforward está em solucionar erros do futuro. O que passou, passou. Vamos acertar lá na frente;
- ✓ O feedforward tem o espírito esportivo de propor ideias e soluções;

✓ Pode ser utilizado por qualquer um da hierarquia organizacional: diretores, líderes, gerentes, colegas de trabalho e membros da equipe. Não existem julgamentos.

A primeira etapa para se trabalhar com feedforward é identificar no colaborador competências que são importantes para o desenvolvimento do profissional, e que estejam alinhadas com os objetivos da empresa.

Neste momento é importante que o processo seja conduzido de uma forma muito próxima ao processo de coaching, onde, através de perguntas, identifique-se competências que agregarão valor à estratégia da companhia, e que tenham o poder de alavancar outras características importantes para o profissional.

Podemos resumir duas linhas específicas de competências: aquelas relativas à função e à empresa e aquelas competências comportamentais, que acabam fazendo muita diferença nos processos e resultados.

O fundamental é que a competência a ser trabalhada produza realmente efeitos consideráveis nos resultados do profissional, por isso esta definição deve ser feita de forma bem criteriosa.

Aprendendo com exemplo

Um exemplo clássico é do vendedor que sempre teve um resultado excepcional na sua carteira de clientes, superando metas e desafios e, de repente, é colocado para gerenciar uma equipe. Neste caso, talvez não existam competências técnicas que possam fazer diferença significativa no desempenho deste profissional, porém, existe a possibilidade de crescimento através do desenvolvimento de competências comportamentais.

Comportamentos que ele possuía quando era vendedor agora precisam ser substituídos por novas habilidades. O seu líder não deve esperar que ele cometa erros para depois dar o feedback. Eles precisam iniciar juntos este processo para identificar quais as competências que podem contribuir efetivamente para o resultado.

Talvez o futuro gerente de vendas precise aprender a motivar sua equipe ou quem sabe ensinar suas técnicas de sucesso para os outros sem medo de estar entregando seus segredos. A pior coisa que pode acontecer é o gerente continuar a exercer seu papel de vendedor, agora como gerente, o que normalmente ocorre, por falta de direcionamento da liderança.

Aproveitando nosso exemplo da área comercial, vamos supor que o profissional resolveu que precisava desenvolver a competência liderança. Vamos ao próximo passo: escolhida a competência, identificar o comportamento fundamental para seu desenvolvimento.

É muito simples dizer a um profissional "desenvolva seu espírito de liderança" e aguardar que ele faça isso sozinho. Primeiro, cada um tem um conceito diferente do que é liderança. Enquanto alguns vão assistir *"Gladiador"* e *"300"*, outros vão preferir ler o *"O Monge e o Executivo"*.

Enfim, a responsabilidade para direcionar esta competência inicia-se com o gestor desse profissional, deixando claro qual a expectativa de liderança que a empresa e ele, como gestor, esperam.

Definida esta expectativa, cabe agora definir comportamentos que são importantes que o profissional desenvolva para atingir esta meta. Não é conveniente definir uma série de comportamentos porque muitas vezes eles acabam até atrapalhando o profissional. Uma escolha sensata seria dois comportamentos para serem discutidos nos próximos três meses.

Considerando nosso exemplo poderíamos dizer que dois comportamentos importantes poderiam ser a "capacidade de escutar com profundidade" e "desenvolver a resiliência".

Aqui, mais um termo da moderna administração cujo conceito vale a pena ser revisto. Entendemos resiliência como "a resistência do indivíduo face às adversidades, não somente guiada por uma resistência física, mas pela visão positiva de reconstruir sua vida, a despeito de um entorno negativo, do estresse, das condições sociais que influenciam negativamente seu retorno à vida. Assim, um dos fatores de resiliência é a capacidade do indivíduo de garantir sua integridade, mesmo nos momentos mais críticos."

Definidos os dois comportamentos, vamos à próxima etapa, que é identificar oportunidades onde o profissional possa treinar estas competências no dia a dia. Utilizando o exemplo para ilustrar esta fase da aplicação do feedforward, vamos elencar duas situações onde o profissional deverá focar estes comportamentos para que eles se tornem um hábito.

1 - Capacidade de escutar com profundidade

O novo gestor deverá ser orientado, ao conversar com um vendedor da sua equipe, a passar pelos quatro níveis da capacidade de ouvir:

Escutar: Aqui apenas registramos as ondas sonoras da voz da outra pessoa, pois, normalmente, estamos pensando em outra coisa enquanto o interlocutor fala.

Ouvir: Neste ponto, o gerente deve perguntar para si mesmo "O que isso significa para mim", pois você estará ouvindo o seu vendedor falar de uma ocorrência e, provavelmente, vai interpretar com base na sua experiência. Neste estágio é comum falar "ah, já passei por isso e resolvi este problema da seguinte forma..." e não esperar a outra pessoa concluir o raciocínio.

Prestar atenção: Muito mais do que escutar e ouvir, neste estágio o gerente tenta identificar o que o seu vendedor está realmente querendo dizer para ele. Nesta fase é muito importante que você observe o mundo do ponto de vista do seu colega de trabalho.

Ouvir conscientemente: Consequência quase imediata do estágio anterior, agora o gerente está tão dentro do papel do seu vendedor, que reduz ao mínimo a influência da sua experiência no processo, o que acaba resultando, é claro, em um maior entendimento e um não julgamento. Neste momento, sua intuição poderá dar alguns caminhos sobre o que o vendedor quer realmente dizer. É muito importante entender o que outro quer transmitir, pois se não entendemos a mensagem, normalmente, realizamos um julgamento. E se julgarmos, nunca passaremos do segundo estágio do processo de escutar bem.

2 - Resiliência

Resiliência não é algo que possamos identificar com muita frequência, porém, existem ocasiões, em uma companhia, em que os resultados não são aqueles normalmente esperados. É justamente nestes momentos que as situações de estresse afloram, levando determinadas pessoas a agirem muito mais por um impulso emocional, em vez da razão.

Como situamos nosso exemplo na área comercial, vamos dar mais uma tarefa ao nosso gerente: no momento em que os resultados estiverem abaixo do esperado, ele deve suportar as pressões e não se deixar impactar pelas reações emocionais da sua equipe, muito comuns neste momento. Deste gestor é esperado equilíbrio e bom senso para suportar as pressões e manter o melhor direcionamento da empresa. Realmente, é uma situação complexa, porém, bem interessante para testarmos a resiliência deste profissional.

Como já comentado, a grande vantagem do feedforward é que nós podemos mudar o futuro, ao contrário de quando trabalhamos com feedback, onde não podemos mudar o passado. Atletas normalmente são treinados através de feedforward: Tiger Woods tem três coaches e ele continua constantemente se aperfeiçoando no golfe.

Pilotos de Fórmula 1 visualizam a melhor volta, a melhor curva, nunca focam no muro.

Dar às pessoas ideias de como elas podem alcançar mais rápido e facilmente seus objetivos é mais estimulante e aumentam as chances de se atingir excelentes resultados.

Por outro lado, gerenciar pessoas é lidar com um aparato psicológico enorme, desde a questão de ego até a autoestima deslocada. Dessa forma, torna-se também produtivo ajudar as pessoas a atingirem seus objetivos, e não somente dizer o que elas fizeram de errado.

12 cases práticos

Nesses anos todos ministrando aulas e treinamentos, presenciei situações peculiares e difíceis para dar feedback, e por isso resolvi criar um capítulo sobre cases mais repetidos que acontecem não somente nas empresas, mas em outros ambientes.

Seguem abaixo várias "situações constrangedoras" e minha sugestão de como falar com a pessoa em cada uma delas, pautada na receita passo a passo para dar feedback ensinada neste livro.

Todas as sugestões da forma de falar com a pessoa devem ser feitas num ambiente reservado, afinal, a crítica sempre deve ser feita em particular.

Vale a ressalva de que, apesar de serem cases reais que já presenciei nas empresas que dei consultoria, os nomes são fictícios e escolhidos aleatoriamente, somente para exemplificar neste livro, bem como as falas descritas são somente sugestões e podem ser adaptadas à sua realidade:

case 1

Carlos é comprometido e excelente gestor na área de contabilidade. Detém muito conhecimento na área contábil. Acontece que Carlos tem apresentado um odor muito forte, uma sudorese fora do comum. Os colegas do escritório que convivem diretamente com ele estão reclamando e comentando para outras pessoas, pois ninguém tem coragem de falar com Carlos abertamente.

Você sabe que deve falar com Carlos, afinal, esse odor pode atrapalhá-lo e ser um possível problema para sua carreira.

Com base na receita para dar feedback, qual a melhor forma de iniciar um diálogo para dar Feedback ao Carlos?

"Carlos, você é dedicado e comprometido. Gostaria de conversar com você sobre um assunto delicado que pode estar atrapalhando a sua carreira.

Tenho observado e sentido um odor anormal.

Você já foi verificar em algum médico? Pode ser algo hormonal.

Meu intuito em te abordar com esse assunto é que

no passado um colega também me alertou sobre esse mesmo problema que me afligia e eu nem tinha me dado conta e isso foi crucial para meu crescimento na empresa.

Espero que use esse feedback para crescer e avançar. Quero que continue crescendo na empresa e não podemos deixar que contratempos simples de resolver como esse venham te atrapalhar em sua carreira.

Conte comigo."

PS: Esse caso é uma situação muito comum e delicada, minha sugestão é para que se coloque no lugar da pessoa ao dizer que o mau odor já aconteceu com você (ou com outra pessoa próxima). O intuito é de gerar mais empatia com a pessoa, deixar a situação menos impactante e é uma maneira sutil de contornar o clima no momento de dar feedback. Veja bem, não estou incentivando a mentira, em certos casos assumir a situação-problema como sua também demonstra humanidade, afinal, pode acontecer com qualquer pessoa.

case 2

Alice é a mais nova gerente contratada do departamento. Acontece que Alice tem um hálito insuportável, todo mundo estava comentando e, apesar do pouco tempo na empresa, ela já era motivo de piadas no departamento.

Você quer falar com Alice, afinal, não pode deixar sua gerente ser motivo de piada e o falatório continuar pelos corredores da empresa.

Com base na receita para dar feedback, qual a melhor forma de iniciar um diálogo para dar Feedback à Alice?

"Alice, você é competente e inteligente. Gostaria de conversar contigo sobre um assunto delicado que já aconteceu comigo no passado.

Vamos exercitar a empatia mais uma vez, mesmo que nunca tenha acontecido com você.

Nesse pouco tempo que estamos juntos na empresa, observei que seu hálito não está agradável. Você já foi verificar isso?

Não tenho dúvidas sobre sua higiene, mas, às vezes, é uma questão de saúde. Minha sugestão é que vá ao dentista ou médico para verificar mais profundamente sobre as possíveis causas.

No meu caso, quando fui investigar meu mau hálito, descobri que isso acontecia porque eu não tomava café da manhã e isso prejudicava meu estômago, gerando hálito desagradável. Eu corrigi e espero que verifique seu caso e faça o mesmo.

Quero que cresça na empresa e não podemos deixar que contratempos simples de resolver como esse, venham atrapalhar a sua carreira.

Confio em você, conte comigo."

PS: Esse caso também é uma situação comum e delicada. Assim como no exemplo anterior, é só uma sugestão que demonstra humanidade.

case 3

Eu cometi um erro no trabalho. Meu chefe gritou comigo e chamou minha atenção na frente de todos os meus colegas no trabalho.

Você quer falar com seu chefe a respeito da forma como ele conduziu a situação, afinal não quer se sentir exposto de novo.

Com base na receita para dar feedback, qual a melhor forma de iniciar um diálogo para dar Feedback para seu chefe?

"Chefe, você é batalhador e assertivo.

Hoje você chamou minha atenção na frente dos meus colegas sobre o erro que cometi. Quando você grita comigo na frente das pessoas eu me sinto exposto e fico bem chateado (pode e deve assumir a responsabilidade por seus sentimentos).

Ficarei atento para não repetir erros, porém, às vezes, erros são inevitáveis.

Sabe o que eu espero? Que numa próxima vez que eu cometer qualquer erro, você me chame em particular, pontue exatamente onde errei e converse comigo para me orientar em como devo proceder para não errar novamente. Assim, saberei como agir corretamente da próxima vez que passar por essa situação.

Podemos combinar desse jeito?

Conto com você!"

case  4

Moises é diretor da empresa, muito competente em seu cargo e está sendo cotado para assumir a presidência em breve. No entanto, as pessoas têm reclamado das brincadeiras inadequadas de Moises, com conotação sexual, e isso tem causado constrangimento no trabalho.

Você quer falar com Moises a respeito das brincadeiras inadequadas.

Com base na receita para dar feedback, qual a melhor forma de iniciar um diálogo para dar Feedback para Moises?

"Moises, você é comunicativo e expansivo.

Observei seu tom fora do comum na hora de falar e fazer uma "brincadeira" com fulana na área do café.

O que está acontecendo? (Importante ouvir o que Moises tem a dizer).

Sabe o que eu espero? Que da próxima vez você continue interagindo com sua equipe de maneira descontraída e que se atente e elimine as brincadeiras de qualquer conotação sexual do seu repertório, pois podem ser mal interpretadas nesse ambiente da empresa.

Sei que entende que o cargo de liderança é vitrine para todos e por isso temos que ter atitudes exemplares na empresa.

Posso contar com você?"

case 5

Rosa trabalha no departamento jurídico. É uma moça muito bonita e gosta de moda. As roupas justas e decotes muito cavados escolhidos para ir trabalhar têm causado frisson no departamento, e Rosa tem sido alvo de comentários maldosos pelos corredores.

Sabemos que suas roupas não definem sua competência no trabalho! No entanto, nem todos são tão inteligentes para entender isso e não julgá-la negativamente. Temos que nos adequar ao ambiente ao qual estamos inseridos.

Você quer falar com Rosa a respeito de sua vestimenta.

Com base na receita para dar feedback, qual a melhor forma de iniciar um diálogo para dar Feedback para Rosa?

"Rosa, você é competente e tem bom gosto para moda.

Hoje você veio trabalhar com mini saia e blusa bem cavada nas costas.

Sei que gosta de moda, sei também que entende que a competência da pessoa não está atrelada à sua vestimenta, no entanto, nem todos são tão inteligentes quanto você.

Você é uma moça muito bonita e não queremos que sua imagem fique arranhada por não estar adequada à cultura de vestimenta de nossa empresa.

Sabe o que eu espero? Que use seu bom gosto para adequar seu guardarroupas de trabalho e, assim, não passar uma mensagem confusa a seu respeito.

Posso contar contigo?"

case 6

Diego trabalha como analista de planejamento e tem lutado por uma promoção de cargo há muito tempo, sem sucesso. Apesar de ser competente em sua função, Diego está acima do peso e, por isso, não encontra roupas que lhe sejam favoráveis para disfarçar sua enorme barriga.

A alternativa que Diego encontrou foi usar camisetas enormes para ir trabalhar. O ambiente que Diego atua no trabalho é formal e o maior problema é que as camisetas escolhidas são de personagens da Disney, gerando uma imagem infantilizada.

Você quer falar com Diego a respeito de sua vestimenta e da imagem infantilizada.

Com base na receita para dar feedback, qual a melhor forma de iniciar um diálogo para dar Feedback para Diego?

"Diego, você é competente e dedicado.

Observei que esses últimos dias você está vindo trabalhar de camiseta e não mais de camisa social.

O que está acontecendo?

Como você sabe, a cultura de nossa empresa é usar roupas formais.

Como posso ajudá-lo neste momento? (Oferecer ajuda é sempre bem vista e bem-vinda).

Sabe o que eu espero? Que venha trabalhar de camisa social e não mais de camisetas, pois não quere-

mos despertar uma imagem que não corresponda à sua essência.

Às vezes nosso corpo muda e é preciso ajustarmos nossas roupas para cada momento.

Tudo bem assim?

Você é importante para meu time!"

case 7

Janaina é da geração Y e seu celular está sempre à mão na empresa. Na última reunião ela não parava de teclar com alguém no WhatsApp, não participou e tenho a impressão de que não estava 100% presente, nem prestando atenção no que o chefe estava comunicando.

Você quer falar com Janaina a respeito desse comportamento de extrapolar o uso do celular na empresa.

Com base na receita para dar feedback, qual a melhor forma de iniciar um diálogo para dar Feedback para Janaina?

"Janaina, você é antenada e conectada.

Ontem na reunião você ficou todo o tempo trocando mensagens pelo WhatsApp.

O que aconteceu? Está tudo bem?

Quando você fica usando o celular durante a reunião, mesmo que esteja pesquisando algo sobre o assunto em questão, pode passar uma imagem de que não está com sua atenção presente e também de desrespeito com a pessoa que está falando presencialmente.

Sabe o que eu espero? Que durante as próximas reuniões, você deixe o celular de lado por um período, procure olhar para quem estiver expondo e participe dando sua valiosa contribuição. Afinal é para isso que está na reunião.

Posso contar com essa atitude nas próximas vezes?

Confio em você!"

case 8

Adalberto é funcionário exemplar da linha de produção de uma grande multinacional. É filiado a um partido político e odeia quem pertence ao partido de oposição. Ultimamente, tem agido de maneira hostil em suas colocações na área do café com colegas que votam em partidos diferentes do seu.

Você quer falar com Adalberto a respeito desse seu comportamento hostil e o quanto sua opinião política pode prejudicá-lo na empresa, afinal não somos uma empresa com interesses políticos.

Com base na receita para dar feedback, qual a melhor forma de iniciar um diálogo para dar Feedback para Adalberto?

"Adalberto, você é justo e honesto.

Observei uma forma ríspida ao falar com alguns colegas sobre o assunto de política que surgiu na área do café.

Foi isso mesmo?

O que está acontecendo?

Como você sabe, nossa empresa valoriza a diversidade, seja ela qual for, inclusive política. Sei que nem sempre é agradável conviver com quem pensa muito diferente, mas é exatamente esse exercício que devemos fazer.

Sabe o que eu espero? Que quando estiver com colegas e o assunto de política surgir, não retruque e não entre em discussão.

Feedback – Receita Eficaz em 10 Passos

Diga apenas que pensa diferente e aquele não é o melhor ambiente para expor essas diferenças.
É possível que aja assim da próxima vez?
Posso contar com você?"

case 9

Milena é coordenadora de exportação com boa performance no trabalho. O layout da empresa é moderno e aberto, pois assim permite que todos do departamento consigam ver uns aos outros e o trabalho possa fluir melhor. Acontece que Milena fala alto demais e todos os dias resolve assuntos pessoais por telefone, expondo sua vida pessoal a todos que têm ouvidos do departamento.

Você quer falar com Milena a respeito da exposição de suas conversas particulares e pessoais.

Com base na receita para dar feedback, qual a melhor forma de iniciar um diálogo para dar Feedback para Milena?

"Milena, você é comprometida e comunicativa.

Observei que ontem você resolveu assuntos de caráter pessoal por telefone, da sua mesa.

Como sabe, nosso departamento é aberto e todos, mesmo sem querer, ouviram sua conversa.

Não queremos que sua vida particular seja exposta e nem cause nenhum constrangimento.

Minha sugestão é que, da próxima vez que tiver que resolver algum assunto pessoal ou particular, procure uma sala reservada para seguir com a sua conversa, assim evitará que pessoas saibam de sua vida particular e de seus problemas pessoais.

Posso contar com você?

Confio em você!"

case 10

Franklin é batalhador e excelente profissional de logística, trouxe ideias criativas e inovadoras que ajudaram muito a empresa em seus processos.

Na reunião com a diretoria, ao apresentar um trabalho e no momento de expor suas ideias, Franklin usou muitas gírias e deixou os diretores estrangeiros confusos. Além disso, apresentou erros de linguagem do português, tais como "menas", "pobrema" e "nóis vai resolver". Isso pode prejudicar sua carreira e sua possível promoção na área de logística.

Você quer falar com Franklin a respeito da sua forma de falar.

Com base na receita para dar feedback, qual a melhor forma de iniciar um diálogo para dar Feedback para Franklin?

"Franklin, você é batalhador e esforçado.

Ontem na reunião com a diretoria, você usou muitas gírias para expor suas ideias e os executivos não entenderam, além disso, disse palavras gramaticais erradas.

O que aconteceu?

Suas ideias são excelentes e quando você não escolhe adequadamente as palavras a usar, pode gerar várias interpretações.

Como posso ajudá-lo?

Sabe que eu espero? Que da próxima vez você estude mais e se prepare para a apresentação. Procure palavras formais para não gerar dúvidas no público parti-cipante da reunião.

Posso contar com você? Sabe por que? Confio em você e no seu potencial".

case 11

Ana é analista de sistemas com alta performance em seu trabalho. Na última semana houve uma reclamação geral sobre uma ação da igreja à qual Ana pertence: ela distribuiu convite aos colegas de trabalho para visitarem a igreja. A reclamação se deu também por Ana estar orando em voz alta no banheiro, causando constrangimento geral em quem não era da mesma religião.

Você quer falar com Ana a respeito da distribuição de folhetos da igreja na empresa e oração no banheiro.

Com base na receita para dar feedback, qual a melhor forma de iniciar um diálogo para dar Feedback para Ana?

"Ana, você é competente e focada.

Todo departamento recebeu convite para ir à sua igreja. É isso mesmo?

Da mesma forma, gostaria de saber se você fez oração em voz alta no banheiro.

Foi isso mesmo que aconteceu? Conte o que está acontecendo.

Como você sabe, nossa empresa valoriza a diversidade, seja ela qual for, religiosa, de gênero ou política.

Sei de sua intenção positiva em ajudar as pessoas espiritualmente e, além disso, penso que a melhor forma de ajudar é através do exemplo.

Sabe o que eu espero?

Que somente fale de sua religião quando for ques-

tionada ou quando alguém se interessar pelo assunto, e que suas orações sejam internas e não em voz alta para que ninguém de outra religião faça pré-julgamentos sobre seu comportamento.

É possível que aja assim da próxima vez?

Posso contar com você?”

13 considerações finais

Feedback é uma das ferramentas de gestão de pessoas de maior importância. Tendo em mente que ninguém erra de propósito, ter a possibilidade de conversar com a pessoa a respeito deste erro é uma oportunidade especial para que ela aprenda, cresça e avance em sua vida e carreira.

Este livro tem caráter prático e privilegia teorias modernas e conceitos atuais. Meu intuito é que você aplique a receita do passo a passo de como dar feedback a todas as pessoas de seu convívio. É desse jeito especial que deve falar com seus funcionários, líderes, parceiros, amigos, cônjuges e filhos.

Dar feedback não é um mistério, é simplesmente comunicar o que você quer. Quando você comunica o que quer de forma persuasiva e a negociação para resolver o assunto em questão satisfaz ambas partes, podemos dizer que o feedback foi positivo.

Os princípios de feedback abordados nesse livro são técnicas com as quais você já está familiarizado. Intuitivamente, você já sabe como construir melhores relacionamentos, compreender a si mesmo e saber o que deve ser dito ou feito para gerar sensações e resultados positivos. Contudo, saber e fazer são duas coisas completamente diferentes. Às vezes, é difícil dar feedback sem arranhar um relacionamento.

Há anos ministro aulas sobre a temática nos cursos de MBA e dou treinamentos de feedback pelas empresas do Brasil, o que mais ouço das pessoas é que, racionalmente, elas sabem a forma correta de falar com alguém ao dar feedback, mas, na hora da pressão, essa atividade se torna muito complexa.

Busquei simplificar a técnica em um passo a passo para ensinar você como fazer uma crítica e ser bem compreendido. Utilizar essa receita exige treinamento e, com o tempo, você vai continuar melhorando sua forma de falar e assim alcançar melhores resultados.

Espero que nesta receita você também esteja apto a ouvir uma crítica abertamente, sem ficar na defensiva, e que tenha a oportunidade de se autodesenvolver, uma vez que sabemos que cada profissional é responsável pelo seu próprio desenvolvimento e pelo sucesso de sua carreira.

Você concluiu este livro, embora sua necessidade de aprender a respeito de dar e receber feedback continue. Empenhe-se para sempre melhorar, seja no trabalho, em casa ou na comunidade que frequenta. Leia mais a respeito, busque novas literaturas sobre o assunto. Compartilhe seus dilemas e dificuldades com os outros.

Você melhorou suas habilidades de dar feedback lendo esse livro e continuará melhorando à medida que aplicar os conceitos no mundo real. Talvez, nas primeiras vezes, você precise levar consigo anotações desse livro, minha recomendação é para que o faça! Dar feedback é um processo constante, nem sempre é acontecimento singular. Quanto mais aplicar as técnicas, mais confortável se sentirá para falar de assuntos delicados com as pessoas de maneira eficaz.

Quando decidi escrever mais este livro, um grande desafio e temor me acompanharam nessa jornada solitária da escrita. Li uma vez uma descrição sobre o ato de escrever que me chamou muita atenção e gostaria de compartilhar. Quem escreveu o poema foi um jornalista premiado chamado Ta-Nehisi Coates:

> *O desafio de escrever*
> *Está em ver no papel como somos horríveis*
> *Como somos terríveis*
> *E depois ir dormir.*
>
> *E acordar no outro dia*
> *E pegar o horrível e o terrível*
> *E refiná-los*
> *E torná-los terríveis e menos horríveis*
> *E depois ir dormir de novo.*
> *E no dia seguinte,*

Refiná-los um pouquinho mais,
Torná-los um pouco menos ruins
E depois dormir no outro dia.

E fazer isso de novo,
E tornar o texto, talvez, mediano.
E, em seguida, mais uma vez,
E, se você tiver sorte,
Talvez o texto até que fique bom.

E se você tiver feito isso,
É um sucesso.

Sempre fico com a sensação de que poderia fazer mais e melhor, sinto que algo está faltando. Sentimento que me atormenta e me acompanha há mais de 15 anos com todos os textos, artigos, teses e livros publicados.

Espero ter contribuído positivamente para sua carreira, gestão e vida.

Sinta-se à vontade para me dar feedback sobre esse livro e o que aprendeu, através do Instagram @danieladolago ou do meu email daniela@danieladolago.com.br.

Daniela do Lago

Por meio de seu discurso criativo, flexível, motivador, personalizado e direcionado aos mais diferentes públicos, Daniela tem uma capacidade única de cativar a plateia e tornar sua mensagem compreendida e lembrada.

Professora, escritora, palestrante, profissional e pesquisadora dos temas e dos conteúdos ligados à sua formação, carreira, palestras e workshops.

Ministra palestras e atua há mais de 15 anos com Gestão de Pessoas em diversas empresas. Atualmente, atua com treinamentos corporativos e como Coach Executivo e Desenvolvimento de Carreira.

Em 2014 lançou seu livro Despertar Profissional, *pela* **Editora Integrare***, que contém dicas práticas de comportamento no trabalho. Em 2016 lançou livro* UP - 50 dicas para decolar na sua carreira, *sobre carreira e mercado de trabalho, também pela* **Editora Integrare***.*

Colunista fixa da revista Gestão & Negócios *e do* UOL Empregos *para temas de comportamento corporativo. Apresenta dicas semanais sobre Coaching e Carreira em diversos programas de rádio.*

Ministra aulas nos cursos de MBA da Fundação Getúlio Vargas desde 2007 para as disciplinas de Gestão de Pessoas, Comportamento Organizacional, Comunicação e Relacionamento Interpessoal.

Mestre em Administração com foco em Comportamento Organizacional pela Universidade Municipal de São Caetano do Sul.

MBA em Marketing pela Fundação Getúlio Vargas.

Bacharel em Administração pela Fundação Santo André.

Formação Internacional em Coaching e especialização para Liderança.

Integrare
Daniela do Lago

DESPERTAR PROFISSIONAL
Dicas práticas de comportamento no trabalho

ISBN: 978-85-8211-063-8
Número de páginas: 232
Formato: 14x21cm

Se você está aberto para aprender mais sobre você mesmo, a derrubar paradigmas e crenças que limitam sua carreira de progredir, está pronto para criar mudanças em sua vida e disposto a obter sucesso em sua carreira, então leia este livro!

Todo profissional irá se beneficiar com as dicas práticas e imediatamente aplicáveis sobre os dilemas comportamentais e problemas de relacionamentos que enfrentamos durante nossa vida corporativa.

Com uma linguagem clara e objetiva, os textos foram organizados em formato de "pílulas de conhecimento", que podem ser aplicadas em situações específicas no trabalho e se destina a todo profissional, independentemente do momento de carreira.

A autora busca oferecer aos leitores crônicas, críticas, provocações e reflexões da vida corporativa moderna sempre com intuito de fazê-los crescer, aprender e avançar na carreira.

Daniela do Lago, seu nome em si já nos inspira ao cristalino e ao sentido da vida. Ao ingrediente da integridade e da ética na escolha dos meios para obtenção dos resultados. Passei a admirar o trabalho da Daniela em contatos que tivemos e ao observar sua preocupação efetiva com a profundidade das coisas e com a excelência em tudo o que faz.

Tenho certeza de que esta obra será de extrema valia para toda a sociedade.

José Luiz Tejon Megido
palestrante

Integrare
Daniela do Lago

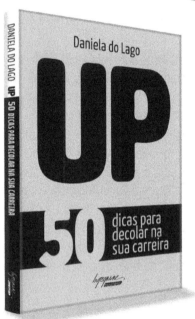

UP
50 dicas para decolar na sua carreira

ISBN: 978-85-8211-077-5
Número de páginas: 248
Formato: 14x21cm

Os profissionais, na maioria dos casos, são contratados pelas empresas para trabalhar por suas habilidades técnicas. Porém, sua carreira é impulsionada ou derrubada pelo aspecto comportamental.

De uma maneira prática e aplicável, este livro traz conceitos acadêmicos consolidados sobre comportamento no trabalho. Trata de regras das empresas que não estão escritas em nenhum lugar e que regem as relações no dia a dia corporativo.

Se você atua ou vai atuar em uma empresa, independente do momento da carreira em que esteja vivendo, este livro foi escrito para você!

O conteúdo do livro foi construído de maneira diferente. Traz 10 capítulos direcionados para quem está em início de carreira, outros 10 para mulheres e seus dilemas no trabalho, 10 capítulos para aqueles que já assumiram cargo de liderança na empresa e os 20 últimos são para os profissionais que querem dar um "upgrade" na carreira.

Ofereço aos leitores crônicas, críticas, provocações e reflexões da vida corporativa moderna, sempre com dicas práticas e imediatamente aplicáveis.

Meu desejo, como professora da área de gestão de pessoas e pesquisadora sobre carreiras, é que minhas sugestões possam ajudar efetivamente os profissionais a terem uma carreira bem-sucedida, mais equilibrada e, assim, viverem vidas mais plenas com satisfação e grandeza.

Boa leitura!

Daniela do Lago

Contatos da Autora

Site: www.danieladolago.com.br
E-mail: daniela@danieladolago.com.br
Twitter: @daniela_lago
Instagram: @danieladolago
Facebook: Daniela do Lago – Palestras

Conheça as nossas mídias

www.editoraintegrare.com.br/blogs/negocios
www.facebook.com/integrare
www.instagram.com/editoraintegrare
www.editoraintegrare.com.br